RENLI ZIYUAN FUWU CHANYEYUAN
JIANSHE YU KECHIXU FAZHAN

人力资源服务产业园
建设与可持续发展

侯增艳　著

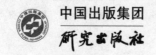

中国出版集团

研究出版社

图书在版编目（CIP）数据

人力资源服务产业园建设与可持续发展 / 侯增艳著
. –– 北京：研究出版社，2021.11
ISBN 978-7-5199-1101-0

Ⅰ．①人… Ⅱ．①侯… Ⅲ．①人力资源–服务业–工
业园区–建设–中国 Ⅳ．① F249.23

中国版本图书馆 CIP 数据核字（2021）第 217856 号

人力资源服务产业园建设与可持续发展
Renli Ziyuan Fuwu Chanyeyuan Jianshe yu Kechixu Fazhan

侯增艳　著

责任编辑：寇颖丹

执行编辑：朱唯唯

研究出版社 出版发行

（100011　北京市朝阳区安华里 504 号 A 座）

北京中科印刷有限公司印刷　新华书店经销

2021 年 11 月第 1 版　2021 年 11 月北京第 1 次印刷

开本：710 毫米 × 1000 毫米　1/16　印张：13.75

字数：175 千字

ISBN 978 – 7 – 5199 – 1101 – 0　定价：52.00 元

邮购地址 100011　北京市朝阳区安华里 504 号 A 座
电话（010）64217619　64217612（发行中心）

人力资源服务业是生产性服务业和现代服务业的重要组成部分，是实施创新驱动发展战略、就业优先战略和人才强国战略的重要抓手，是构建人力资源协同发展产业体系的重要力量。人力资源服务产业园是我国人力资源服务业发展的特有模式，充分发挥政府和市场的作用，突出集聚产业、拓展服务、创新示范、培育市场、规范管理等功能，有机地将人力资源市场化服务和公共服务集聚在一起，整合政策、技术、人才、信息等要素，为行业的集聚创新发展搭建了重要平台。

党和国家高度重视人力资源服务业和产业园的发展。2010年以来，在国家和有关省市的积极推动下，人力资源服务产业园蓬勃发展，深刻改变了行业发展格局，目前国家级人力资源服务产业园22家，省级人力资源服务产业园200余家。经过十余年快速发展，人力资源服务产业园取得了良好的经济、社会和人才效益，有效促进了行业集聚发展、就业创业和人力资源优化配置，成为人力资源服务的新动能和新增长点。与此同时，人力资源服务产业园在建设发展过程中仍存在着许多问题和不足，如发展模式趋同、管理机制不健全、运行机制不顺畅、政策红利到期等问题，需要对这些问题进行深入剖析研究，寻找新的发展路径和动力机制推动产业园可持续高质量发展。

为总结我国人力资源服务产业园的建设发展成效，推动产业园未来可持续高质量发展，笔者从2010年至今，对人力资源市场、人力资源服务业和产业园等相关领域进行了十余载的持续跟踪研究，先后完成了人社部部级项目《人力资源服务业发展战略与政策研究》《中外人力资源市场管理政策比较研究》《人力资源市场立法重点难点问题研究》《人力资源服务产业园评估指标体系》《人力资源服务产业园评估研究》,中国劳动和社会保障科学研究院重点项目《人力资源服务产业园区发展战略研究》《民营人力资源服务产业园运营机制研究》等。作为主要编撰人员,组织编写并连续出版了四部《中国人力资源服务产业园发展报告》。作为项目组长,为苏州、重庆、中原、成都、北京、天津、南昌、长沙、上海等多个国家级人力资源服务产业园编制发展规划和评估报告,研究成果为相关部门提供决策参考和实际应用。

本书在前期研究基础上,通过大量的文献研究、实地调研、专家研讨,对我国人力资源服务产业园的发展脉络,产业园建设的重点难点问题和关键环节进行剥茧抽丝的梳理,为各地人力资源服务产业园建设、运营和发展提供理论、政策实践依据。全书共包括八章,第一章对人力资源服务产业园的理论基础,包括相关概念、功能作用、相关理论等进行研究;第二章总结了我国人力资源服务产业园建设发展历程和发展现状;第三章对建设人力资源服务产业园的基本条件及如何科学编制产业园发展规划开展讨论;第四章通过比较不同类型产业园,对人力资源服务产业园的运营机制进行逐一分析;第五章对加强人力资源服务产业园规范化管理,包括标准化建设、统计考核制度、诚信体系建设等进行研究;第六章对人力资源服务产业园数字化信息化建设进行探讨;第七章构建人力资源服务产业园评估指标体系,对国家级人力资产业园进行评估;第八章在前文研究基础上,总结人力资源服务产业园现存问题与不足,并提出相关对策建议,以及展望未来发展方向。研究成果将对规范引导人力资源服务产业园可持续发展,更好地发挥产业园的引领示范作用,推动人力资源服务业健康快速发展发挥积极作用。

侯增艳

2021年10月

CONTENTS 目录

第三章　人力资源服务产业园发展规划

第四章　人力资源服务产业园运营机制

第五章　人力资源服务产业园规范化管理

第六章　人力资源服务产业园数字化信息化建设

第七章　人力资源服务产业园评估

第八章　结论与对策建议

第一章

人力资源服务产业园理论基础

一、人力资源服务产业园的相关概念

（一）人力资源服务业的定义

人力资源服务业是一个新兴的研究领域，目前国内外关于人力资源服务业的内涵和外延尚未统一界定。国外实践来看，相对应的概念称为"就业服务"。美国、加拿大、英国等国家在产业分类目录中对人力资源服务业的各项业务做了描述。

联合国也对人力资源做了描述，联合国国际产业分类标准将就业服务划分为三种类型：就业安置机构、临时就业机构和其他人力资源服务机构。其中就业安置机构指，登记空缺就业岗位，推荐或安置求职者，被推荐或安置的求职者不是就业安置机构的雇员。临时就业机构指向客户企业提供从事一定工作期限的工人，以临时替代或补充客户企业的劳动力，这些工人是临时就业机构的雇员，但临时就业机构并不直接监督其雇员在客户单位的工作。其他人力资源服务机构指向客户企业提供人力资源服务的机构，这类机构主要从事长期和固定工作岗位的安置。

美国、加拿大和墨西哥制定了《北美产业分类系统》，对人力资源服务业的范围做出了规定，包括：行政管理、普通管理咨询服务、人力资源搜寻咨询服务、就业服务、开发培训等。英国、德国将有关雇用及培训的人力资源服务归为"企业管理及管理咨询"类别中，业务包括：人力资源管理咨询，劳动力录用和人事服务，管理培训服务。日本的人力资源服务业，主要隶属于"其他服务业",并具体划分为"民营职业介绍业"和"未经特别分类服务业"。新加坡根据标准产业分类,与人力资源服务业相关的产业主要分布在人力资源咨询服务业、就业服务、专业和管理开发培训等分类中。

国内对人力资源服务业的定义。2007年国务院在《关于加快服务业的若干意见》中首次将人力资源服务业写入文件。2011年修订的《国民经济行业分类》①中将"人力资源服务"列入"L租赁和商务服务业"门类的第72大类"商业服务业"下的第726类中,标志着人力资源服务业已明确被纳入国民经济行业范畴。2014年人社部与发改委、财政部联合下发的《关于加快发展人力资源服务业的意见》[人社部发〔2014〕104号]中指出,人力资源服务业是为劳动者就业和职业发展,为用人单位管理和开发人力资源提供相关服务的专门行业,具有高技术含量、高人力资本、高成长性和辐射带动作用强等特点,是国家确定的生产性服务业重点领域。2019年,人力资源服务业正式列入国家发改委产业结构调整指导目录。《产业结构调整指导目录(2019年本)》第四十六条将"人力资源与人力资本服务业"新增为鼓励类行业,下设:人力资源与人力资本信息化建设;人力资源服务与人力资本服务产业园和平台建设;人力资源招聘、就业和创业指导,人力资源和社会保障事务代理,人力资源培训、劳务派遣、人力资源测评、人力资源管理咨询、人力资源服务外包、高级人才寻访、人力资源信息软件服务等人力资源服务业;人力资本价值评估、评测和交易,人力资本价值统计、分析和应用,人力资本形成过程中的投资活动;人力资本金融创新平台建设;人力资源与人力资本市场及配套服务设施建设;农村劳动力转移就业服务平台建设共七项内容,标志着新时代我国大力推动人力资源服务业高质量发展,从传统人力资源服务向人力资本服务转型提升的新趋势。

学者们根据各自研究角度给予其不同定义。萧鸣政(2009)认为,人力资源服务业是指为人力资源的成长、管理、开发等实践活动提供服务的组织与个人及其相关的业务活动体系。对于人力资源服务业的外延,白澎

---

① 国家统计局,国民经济行业分类(GB/T 4754—2011)。

（2004）认为，人力资源服务业有狭义和广义之分。狭义的人力资源服务等同于人力资源中介服务，主要指猎头公司、人才和劳动力市场提供的服务。广义的人力资源服务业由专业的人力资源咨询公司和能够提供人力资源咨询的管理顾问公司组成。来有为（2010）认为人力资源服务涵盖人力资源管理咨询服务、就业服务、培训服务等多个领域，分为市场化服务和公共就业服务两个组成部分。市场化、经营性的人力资源服务形成了人力资源服务业。政府相关部门和行业协会依据相关法律法规对人力资源服务业进行监管，企业开展自主经营。而公共就业服务是指各国政府向公众提供的基本公共服务，与义务教育、公共卫生、公共文化等一样，属于政府提供公共服务的重要组成部分。

本文对人力资源服务业进行了界定：人力资源服务业是指为人力资源和用人单位提供相关服务，从而促进人力资源的有效开发与优化配置的服务行业。人力资源服务业是现代服务业的重要形态之一，具有高技术含量、高人力资本、高附加值和高成长性的特点，并对地区经济和其他产业的发展具有一定的带动性。

按内容分，人力资源服务业包括：招聘、猎头、劳务派遣等业务领域；按性质分，人力资源服务业包括：公共人力资源服务和市场化、经营性的人力资源服务（见图1）。这里称公共服务为事业类人力资源服务，经营性服务为企业类人力资源服务。事业类人力资源服务机构主要是各级人社部门设

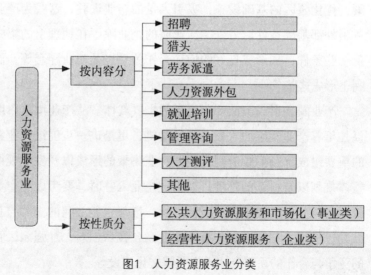

图1　人力资源服务业分类

立的服务机构以及行业主管部门设立的服务机构，这些机构面向社会或行业提供公共就业服务、人事代理等公共服务。企业类人力资源服务机构包括：人力资源和社会保障部门所属服务机构设立的人力资源服务企业、国有企业、民营性质和中外合资合作性质的人力资源服务机构，这些机构面向社会开展各类经营性服务。

（二）产业园的定义

1. 产业园的定义

产业园目前没有统一的界定，一般是指在特定区域内，实行产业鼓励政策，由政府部门、派出机构或经济开发实体进行统一规划、开发、建设、管理，选择特定行业和产业群的企业入驻经营，并提供便利优惠的服务措施。政府管理角度，产业园是一种以发展为目的的管理体制。经济发展角度，产业园是一种具有区位和产业特色的经济业态。

2. 产业集聚与产业园的内在关联

（1）产业园具有形成产业集聚的外在条件。产业集聚在空间上的表现形式是相关产业在地理上的集中，因此产业集聚形成的首要条件是相关产业在地理空间上的聚集性。而产业园是政府划出一块区域，制定相关的优惠政策，优化园区的基础设施，吸引大量的企业进驻，这些为产业集聚的形成准备了外部基础条件。另外，产业园的企业除了在地理上的集中外，还必须具备一些条件，如形成良好的信任合作关系以及产业配套等，而产业园恰恰有利于形成这些条件。

产业园是形成区域产业集聚的主要载体。从产业集聚角度看，产业园不仅是培养产业集聚的生长点和发动机，更是进一步促进产业集聚的良性发展的重要组成部分。政府则应按照产业集聚的形成以及发展规律对产业园进行整体规划以及科学的管理。如引进企业入驻时，要考虑到产业的配套和企业的业务关联性，提供各种交流场所，增强企业之间的交流与互动；通过政策鼓励，构建第三方平台，推动企业联合技术创新；加强园区管理，规范企业的竞争与合作的秩序；注重产业园文化建设等。

（2）产业集聚是产业园长远发展的内在支撑。虽然建设产业园为产业集聚的产生和发展提供了有利的外部条件，但是并不是所有的产业园内都可以形成产业集聚。首先，从产业关联性来看，在产业园开始建设时，为了能够吸引大量的企业驻扎产业园，对企业的内在关联性要求较少。由于企业在地理位置的集中以及对公共物品的共享并不产生必然的聚集效应，因此，现实中的很多产业园都是综合性的，对于企业之间的产业关联以及业务关联并没有硬性要求。其次，从社会根植性来看，来源于不同国家和不同体制条件下的企业，在对竞争与合作的认知方面有很大的差别，因此，企业与企业之间很难形成竞争合作的良性发展。最后，从发展道路上看，一般产业园都是主要依赖外部力量的投入，进而引发的经济总量的扩张，带有更多的行政色彩，不能实现园区的长期持续发展。而产业集聚很多是市场化作用的结果，不同企业之间或多或少存在产业关联性和明显的外部范围经济效应。通过对国内外产业园的研究发现，成功的产业园基本上都是集聚性产业园。这些成功的产业园都是产业链发达、专业化分工明显的园区，园区内入驻的企业之间存在着密切的产业关联，具有产业集聚效应。如美国的硅谷、印度的班加罗尔软件园区等，都带有明显的产业集聚特征。因此，产业集聚是产业园长期可持续发展的内在支撑。

综上所述，产业园发展的最终目标就是形成高效的专业化产业集聚。而产业集聚作为实现企业间有效协作的组织形式，是推动产业园发展的必然选择。因此，产业园具有天然的形成产业集聚的外在条件，但产业园的长期可持续发展有赖于产业集聚的形成。要从产业集聚的视角来重新审视产业园的建设，促进产业园的健康快速发展。

（三）人力资源服务产业园的定义

人力资源服务产业园（以下简称产业园或园区）是我国人力资源服务业一种特有的发展模式和路径，根据产业园的定义和人力资源服务业的特点，归纳出人力资源服务产业园的定义：以人力资源服务为核心，以促进人力资源有效开发与优化配置为方向，在特定区域内实行产业鼓励政策，由政府相关部门、派出机构或企业进行规划、建设、管理，形成的人力资源服务企业、公共及配套服务机构集聚发展的平台和载体。人力资源服务产业园具有一般产业园的特点，如具有产业集聚效应，享有国家或地方优惠政策等，还更加注重人力资源服务专业性特点。

二、人力资源服务产业园的构成要素

人力资源产业园是在人力资源服务行业初步形成的阶段，通过园区经济的业态模式加快行业发展的重要途径。人力资源产业园发展有其内在的结构要素，综合形成园区良性发展的动力，可分为政策、区位、集聚、技术、网络五个要素[①]。

产业园首先是政策型经济业态，政府部门为园区提供了初始的制度安排和发展环境，提供有区位优势的政策优惠和良好的服务平台。园区内优惠政策降低了企业的经营成本，吸引企业向园区内集中。

区位优势在于获取资源、服务和市场的便利性，包括获取信息、人才、投融资、基础设施、生产与生活环境、配套产业，产品市场的便利性。区位优势可以通过天然的地理条件实现，如临近大城市或产业集聚区建园；或通过政策创造，如建设园区内的区位高地等途径。区位要素是产业园发展的最基础动力，其稳定性和比较优势直接决定着园区的前景。

技术创新能力是产业园发展模式的核心要素。人力资源服务业的高智力高信息化特征，使技术创新成为行业发展的核心动力之一，也是当前人力资源服务业产业升级的要求。特别是在国家产业转型和升级的趋势下，对人力资源服务产品也提出了产品升级和技术升级的需求，因此应将产业升级的要求纳入发展规划，作为政策和区位发展优势的立足点，在园区内率先实现从要素驱动向创新驱动的发展模式转变。

产业园形成产业集聚区，是产业园发展的内在要求，也是产业园的核心

---

① 王平：《中国中原人力资源服务产业园区建设的功能内涵模式创新及路径选择》，《人才资源开发》，2015年第3期.

竞争力和战略目标。首先，产业集聚区产生资源集聚效应，自动吸引专业化的供应商和专业人才、信息，形成专业化市场。其次，产业园内部企业形成专业分工与协作，降低交易成本，实现外部经济和集体效率。再次，产业集聚产生资源共享效应，基础设施和公共产品共享在产业园内部有更高的运用效率，园区品牌共享增强了园区内企业的比较竞争优势。

产业组织的网络泛指地理上相对集中的企业之间的相互关系的综合，包括企业与竞争者、协作者、上下游企业、相关科研机构、中介组织等各方面的正式和非正式联系。产业园从地理上实现了网络主体的集中，是网络形成的重要基础，网络发展的深度和广度影响着园区的发展动力和潜力，影响着产业集聚的进程。

三、人力资源服务产业园的功能作用

（一）推动产业转型升级和区域经济发展

当前我国正着力推进产业转型升级、构建现代产业新体系，推进服务业加速发展，形成综合服务功能强大、产业特色鲜明的服务经济发展新格局，对人力资源服务业的发展提出了新要求。人力资源服务业是我国现代服务业和生产性服务业的重要组成部分，全国各地制定和出台了相关扶持政策促进服务业发展，加快人力资源服务产业园建设，加速人力资源集聚成为人力资源服务业发展一项重要的推进计划。人力资源服务产业园的建设是促进人力资源服务业集约化发展、增强人力资源服务业整体竞争力、打造具有示范引领和区域辐射作用的人力资源服务业集聚高地的积极探索；有助于构建多层次、多元化人力资源服务体系，促进人力资源与人力资源服务产业在我国的合理布局，协调区域经济协调发展。

（二）搭建产业新旧业态动能转换实践平台

随着人力资源服务业的不断发展，其内涵和外延都在不断扩展。传统的业态如职业介绍、劳务派遣等不断呈现新的模式和变化；新兴业态如人力资源管理咨询、人才测评、人力资源服务外包等全面发展；与互联网、金融等产业领域跨界融合的创新产品层出不穷，人力资源服务业正迎来新一轮跨越式发展。人力资源服务产业园的建设有利于提供全方位的高质量产品和系统性、专业性人力资源服务，形成完整的人力资源服务产业链，为传统和新兴业态的发展提供发展实践的平台。

（三）促进公共服务与市场化服务协调发展

人力资源服务产业园的建设有利于人力资源公共服务和市场化服务的协同发展、规范发展。一方面，产业园整合人才、劳动、就业、社保等政府服务资源，形成人力资源公共服务枢纽型基地；另一方面，产业园聚集人力资源市场化服务企业，可以为园内企业和服务对象提供便利条件，形成规模效益，降低企业场地、管理和信息成本，同时促进园区各类机构间相互学习和竞争融合，形成包含业态、关联产业的联动和集聚，形成人力资源市场公共服务和市场化服务互补格局，促进两者协调发展，为社会提供全方位人力资源服务。

（四）鼓励人力资源服务技术和政策创新

人力资源服务产业园的建设，有利于集合各地资源优势和政策优势，推进人力资源服务产业规模化、集约化发展；有利于支持重点领域发展、促进科技创新、培育中小人力资源服务企业，引导扶持企业做大做强。通过汇聚技术研发、产品创新、资源共享、人才培养、成果转化、品牌培育推广、国内外交流合作、产业金融服务、论坛、会展等多项复合型现代服务功能，促进人力资源服务创新发展。并通过对产业园的统筹规划和政策引导，发挥产业园政策实践先行优势，搭建人力资源产业创新发展和政策实践平台。

四、人力资源服务产业园的类型

根据不同的划分方法，人力资源服务产业园有不同的划分类型。按级别、发展规模阶段划分，分为国家级、省级、市级、区县级人力资源服务产业园。截至2021年8月，国家级产业园共有22家，除了人社部批复的国家级园区外，一些地区还批复建立了一批省级、市级及区县级的产业园，给予相应的政策支持。

表1　按级别划分人力资源服务产业园

级别	名称
国家级	上海、重庆、中原、苏州、杭州、海峡、烟台、长春、南昌、西安、成都、北京、天津、广州、深圳、长沙、合肥、武汉、宁波、石家庄、沈阳、济南
省级	南宁、贵阳、兰州、青岛等
市级	宜春、绍兴、邯郸、丽水等
区县级	中山市东区、山东费县等

按园区规模和业态划分，分为综合性人力资源服务产业园和专业性人力资源服务产业园，后者包括人力资源服务外包产业园、培训基地、测评基地、猎头基地等。

按投资主体划分，将人力资源服务产业园分为政府主导型、企业主导型和政府企业结合型三种类型。

表2　按投资主体划分人力资源服务产业园类型

	出资方	开发主体	职能分工
政府主导型	政府出资	设立专门的派出机构：管委会、领导小组或国有企业、国有控股企业作为园区的开发主体	政府部门：负责全面管理园区的建设和发展，如筹措资金、规划布局、项目建设、招商引企、管理运营、服务保障等
企业主导型	企业自筹资金	企业成立人力资源服务产业园管理公司作为园区的开发主体	政府部门：其他管理事务如劳动人事、财政税收、工商行政、公共安全等，主要依靠政府相关职能部门 管理公司：负责园区土地开发、项目招标、基础设施建设、招商引企、管理运营、企业服务、综合配套等功能
政企合作型	政府、企业共同出资	政府部门设立的园区管委会、领导小组，和具有产业园管理运营经验的专业化公司共同开发	政府部门：成立管委会负责政府行政管理、监督协调职能 管理公司：负责园区经营运作职能

政府主导型：是我国大多数人力资源服务产业园所采用的管理模式。由政府在园区内设立专门的派出机构——管委会、领导小组或国有企业、国有控股企业作为园区的开发主体，负责全面管理园区的建设和发展，如筹措资金、办理规划、项目核准、项目建设的组织实施，承担园区开发建设所需费用和风险，并享有土地开发的所有收益。政府主导型产业园以中国重庆人力资源服务产业园、中国中原人力资源服务产业园为代表，由政府出资建设管理。政府主导型产业园适用于市场经济不发达，或产业园建设初期。优点：拥有行政确立的管委会在协调园区各部门关系或推进新的体制时不会遇到较大阻力，可采取行政命令将资源在最短的时间内聚集，可以确保园区的发展规划与地方的发展战略保持一致。存在的问题：政府的行政干预较强，市场配置资源的效率较低，园区内企业的积极性不高，政府需要承受较重的财政负担及较大的风险负担。

企业主导型：以企业作为人力资源服务产业园的开发者、管理者和服务者，这里的企业包括国有企业和民营企业，以民营企业为主。企业成立人力资源服务产业园管理公司，担负产业园土地开发、项目招标、建设管理、园区运营和企业服务等功能。而园区的其他管理事务如劳动人事、财政税收、工商行政、公共安全等，主要依靠政府的相关职能部门。企业主导型产业园以武汉方阵人力资源服务产业园、中国西安人力资源服务产业园碑林园区（民营企业投资）、北京丰台人力资源服务产业园（村集体企业投资）、中国杭州人力资源服务产业园（经合社投资）为代表。优点：有利于金融资本与土地资源的有效结合，促进园区基础设施投资的多元化；有利于园区开发管理的多元化，提高开发建设和引进项目的质量和效益，增强园区核心竞争力和可持续发展的后劲；有利于政企分开，提高政府的宏观调控和市场监管能力。存在的问题：园区开发公司协调整合政策及公共服务资源能力不足，会影响其经营管理服务职能的发挥；开发公司在追求经济效益的同时，往往会忽视社会效益。

政企结合型：政府部门设立的园区管委会、领导小组，和具有产业园管理运营经验的专业化公司共同开发建设人力资源服务产业园。管委会负责政府行政管理职能，管理运营公司负责园区运作职能。管委会作为地方政府的派出机构，行使政府管理职权，不运用行政权力干预企业的经营活动，只起监督协调作用；而管理运营公司作为独立的经济法人，进行企业内部的自我管理，从而实现政府的行政权与企业的经营权相分离。政企结合型产业园以成都人力资源产业园（成都高投集团与中智公司合资）、北京通州人力资源服务产业园（通州商业资产运营公司与北京外企合资）为代表。政府部门以资产入股，与企业成立合资公司，引导人力资源产业园建设。

五、人力资源服务产业园相关理论

人力资源服务产业园是我国人力资源服务业发展中的一种特有模式，实质是人力资源服务产业的集聚。在国外没有人力资源服务产业园的概念和实践做法，更多的是人力资源服务产业集聚。对产业集聚最早研究的经济学家为马歇尔（1890），他在研究工业区的概念与理论的同时，发现了外部规模经济与产业集聚的密切关系。国外关于产业集聚现象的研究，主要从产业集聚的概念内涵、形成发展机制、产业集聚对区域经济发展的影响等方面进行研究。

1. 产业集聚的概念

产业集聚的内涵在学者研究中不断得到完善和发展。代表性的表述是美国著名学者Porter（1990）给出的界定，即产业集聚为产业联系密切的企业以及相关支撑机构在空间上集聚，从而形成强劲、持续竞争优势的现象。

2. 产业集聚的形成发展机制

马歇尔之后学者更多从产业集聚的形成发展机制动因上进行了研究，并由此形成很多经典的产业集聚理论，如工业区位理论、创新理论和新经济地理理论等。工业区位理论认为，产业之所以形成集聚是出于成本节约的需要。对于任何一个产业，集聚可以促进技术设备发展的专业化从而降低生产成本，可以促进劳动力组织发展从而降低劳动力搜寻成本，提高原材料购买的规模和产品销售规模从而可因专业市场的发展降低交易成本，可以发挥公共基础设施使用的规模经济从而减少公共支出成本（Weber，1929）。J.A.Schumpeter（1912）创新理论认为，技术创新及扩散是促使具有产业关联性的众多部门企业形成集聚的重要动力。首次创新的关键障碍一旦被突破就会给后来者带来启迪，从而带动后来者进行创新。即便首次创新失败，其经验教训也可为后来者提供借鉴，从而降低后来者的创新成本。而这两方面的效应都会诱导后来者蜂拥而至，形成技术创新的群集现象，并进而演变为产业集聚。依据产业空间集聚和区域专业化同时存在的事实，新经济地理理论认为，当企业和劳动力集聚在一起以获得更高的要素回报时，本地化规模报酬递增就可以为产业集聚的形成提供理论基础（Krugman，1991）。

3. 产业集聚对区域经济发展的影响

代表性研究是美国著名学者Poter教授在其论著《国家竞争优势》中提出的"钻石模型"，国家竞争优势的获得，关键在于产业的竞争，而产业的发展往往是在国内几个区域内形成有竞争力的产业集群。形成产业集群的区域往往从三个方面影响竞争：第一是提高该区域企业的生产率；第二是指明创新方向和提高创新速率；第三是促进新企业的建立，从而扩大和加强集群本身。

4. 产业园集聚的当代研究

国外对于产业集聚的研究集中在运行机理、技术创新、组织创新、社会资本等与产业集聚的相关研究。Mytelka和Farinelli（2000）探讨如何在传统产业中培育创新集群和创新系统，从而使产业保持持续的竞争力。Lorenzon（1998）通过实证分析，研究产业集聚的企业信息成本特点。OECD对不同国家的产业集群进行了实证分析，探讨如何使产业集群更有竞争力；重要知识问题的确定；产业升级优化战略的设计；如何从传统竞争走向战略协作和差异化竞争等。

自2010年以来，国内学者开始了对于人力资源服务产业园的相关研究，并伴随着各地人力资源服务产业园的蓬勃发展，研究领域不断延伸拓展。

《中国人力资源服务产业园发展报告（2016）》对各地人力资源服务产业园管理运营模式进行了梳理。政府在人力资源服务产业园中应发挥以下职能：第一，政府要负责产业园的发展定位、规划制定；第二，政府要建立完善的政策制度，为产业园发展创造良好的发展环境；第三，政府要做好产业发展的平台建设，鼓励产业向专业化、品牌化、信息化方向发展；第四，政府要做好相关的监督管理工作。

　　人力资源服务产业园管理运营面临的问题主要包括管理运营机制不科学、产业园同质化、发展规划未与产业基础结合、政府或市场职能不明确、人员素质有待提升等。董良坤（2013）认为目前阻碍产业园发展的主要问题有体制创新动力不足，服务产业链不合理，多元化投入机制不完善等。侯增艳（2014）认为当前已运营的人力资源服务产业园缺乏市场化的体制和机制创新动力，部分产业园功能定位和发展目标缺乏明确的规划。国家层面应出台人力资源服务产业园指导意见，合理布局规划，明确园区建设标准和认定标准，推动形成人力资源服务整体发展格局。

第二章

人力资源服务产业园建设发展

人力资源是经济社会发展的第一资源，人力资源服务业是现代服务业的重要组成部分[①]，是伴随着人力资源市场化配置发展的一个新兴产业，对于促进人力资源有效开发与优化配置具有十分重要的意义。人力资源服务产业园的建立，成为人力资源服务业发展的新模式和新探索，使人力资源服务业的发展站在了一个更高的起点上，创造了一个更加良好的发展环境。经过十余年的探索取得了显著成绩，有效地促进了行业集聚发展、就业创业和人力资源优化配置，成为人力资源服务的新动能和新增长点。

一、人力资源服务产业园发展历程

我国人力资源服务产业园是在国家和地方就业优先战略、人才强国战略、创新驱动战略等总体战略布局背景下，伴随着人力资源服务业的实践探索而产生、成长与发展起来的。自2010年上海人力资源服务产业园成立开始至今，人力资源服务产业园发展历程可分为三个阶段：起步探索阶段（2010—2014年）、快速推进阶段（2014—2017年）和转型升级阶段（2017年至今）。

[①] 2007年3月，国务院印发了《关于加快发展服务业的若干意见》（国发〔2007〕7号），首次提出人才服务业，指出"发展人才服务业，完善人才资源配置体系，为加快发展服务业提供人才保障"。这标志着人力资源服务业作为现代服务业的重要门类，开始全面融入国民经济的总体格局。2011年3月，《国民经济和社会发展第十二个五年规划纲要》，首次将人力资源服务列为生产性服务业的重要组成部分纳入国民经济和社会发展规划。

（一）起步探索阶段（2010—2014年）

在全球经济格局调整，我国经济转型升级背景下，全社会在积极培育拓展新的经济增长点，推动传统产业转型升级的同时，大力发展现代服务业。作为现代服务业的重要领域——人力资源服务业蓬勃发展，有效地促进了人力资源的有效开发与优化配置。但人力资源服务业发展过程中仍存在着专业化程度不高、企业规模小、产品同质化严重、专业人才不足、管理不规范等问题，社会认可度和影响力不高，限制了行业的发展。

各地不断探索人力资源服务业发展的新模式，推动产业转型升级，这也成为人力资源服务产业园产生的必然要求和内生动力。2010年，上海市将原有人才大厦等载体资源腾笼换鸟，为人力资源服务类企业让出空间，同时强化政府服务功能，提供"一门式"公共服务，建设成为我国第一家国家级人力资源服务产业园。继上海市之后，重庆省、河南省、江苏省先后筹建起国家级人力资源服务产业园，为我国人力资源服务业产业园的开发建设、管理运营、政策体系、服务保障等方面做出了先行探索。重庆市建设了西部第一家人力资源服务产业园，坚持把发展人力资源服务产业和人社公共事业有机结合。中原产业园是全国首家跨区域性人力资源服务专业园区，着力打造中原地区人力资本服务高地。苏州人力资源产业园首创了"一园多区"的发展模式，更加贴近服务企业和服务群体，充分发挥园区示范效应。

国家相继出台了鼓励和扶持发展人力资源服务业和产业园的相关政策。其中，2011年7月《关于印发人力资源和社会保障事业发展"十二五"规划纲要的通知》（人社部发〔2011〕71号）中，首次将"建设人力资源服务产业园区作为人力资源服务业发展推进计划"，列入人社事业发展规划，明确了人力资源服务产业园建设的重要意义。党的十八大以来，人力资源服务业迎来新的历史机遇期，国家层面对人力资源服务业和产业园发展做出战略部署。2012年12月《国务院关于印发服务业发展"十二五"规划的通知》（国发〔2012〕62号）中提出"构建多层次、多元化的人力资源服务机构集群，探索建立人力资源服务产业园区，推进行业集聚发展"，表明人力资源服务产业园建设已被列入国家服务业发展重要战略布局。

产业园规模效应初步显现，为当地经济社会发展提供了良好的人才服务支撑，也为人力资源服务行业的集聚发展奠定了坚实基础，自此拉开了全国人力资源服务产业园建设的序幕。

（二）全面展开阶段（2014—2017年）

随着园区集聚效应、辐射效应和示范效应的不断显现，多个省市都在积极筹划并建设人力资源服务产业园。在此期间，人社部等相关行业主管部门连续密集出台了一系列文件规范指导产业园的发展。特别是2014年12月财政部、发改委、人社部三部委联合下发的《关于加快发展人力资源服务业的意见》（人社部发〔2014〕104号）首次就加快发展人力资源服务业和产业园发展做出全面部署，提出"推进人力资源服务业集聚发展，加强人力资源服务产业园的统筹规划和政策引导"，将产业园作为人力资源服务业发展的8项重点任务之一。《意见》的出台为全国人力资源服务产业园的发展指明了前进方向，产业园建设在全国范围内呈现蓬勃发展之势。

在此阶段，人力资源社会保障部批准建设了7个国家级人力资源服务产业园：中国杭州人力资源服务产业园、中国海峡人力资源服务产业园、中国成都人力资源服务产业园、中国烟台人力资源服务产业园、中国长春人力资源服务产业园、中国南昌人力资源服务产业园、中国西安人力资源服务产业园。截至2017年上半年，全国已有11家国家级人力资源服务产业园，其中东部6家，中部2家，西部3家，初步形成了人力资源服务产业园在全国范围合理布局，东中西部协调发展的态势。除国家级园区布局外，省市级人力资源服务产业园也在积极建设中，山西省、安徽省、浙江省、山东省、江苏省等都在紧锣密鼓地加快推进省市级人力资源服务产业园建设，不仅深刻改变着行业发展模式，也在客观上形成产业园竞争发展的格局。

（三）转型升级阶段（2017年至今）

经过多年的发展，我国人力资源服务产业园在平台建设、经营管理、服务保障、信息化建设等方面取得了显著成绩，但同时仍存在着许多问题和不足，如发展模式趋同、管理机制不健全、产品服务专业化程度低、政策红利期将过等问题。加快园区转型升级、提质增效，推进高质量发展成为我国人力资源服务产业园此阶段面临的主要任务。

党的十九大提出"以供给侧结构性改革为主线，着力加快建设实体经济、科技创新、现代金融、人力资源协同发展的产业体系，在人力资本服务等领域培育新增长点、形成新动能"，为人力资源服务行业和产业园建设提出更高要求。2017年10月人社部印发《人力资源服务业发展行动计划》（人社部发〔2017〕74号）提出"探索园区管理模式创新，提升园区建设水平，充分发挥园区集聚发展和辐射带动作用。加强园区管理，落实产业园在税收、资金、工商、土地用房等方面的政策，充分发挥园区培育、孵化、展示、交易功能"，人力资源服务产业园建设已成为人力资源服务业发展的重要推进计划之一，成为该领域的新增长点和新动能。2019年9月人社部印发《国家级人力资源服务产业园管理办法（试行）》（人社部发〔2019〕86号）对产业园的申报设立、运营管理、评估考核等方面进行了明确要求。表明了对人力资源服务产业园成效经验进行总结，建立健全产业园管理和运营体制机制、加强园区规范化建设和管理的重要性，更好发挥其经济社会效应。以上政策文件对人力资源服务产业园创新协同发展，加强园区精细化管理，制定完善园区政策体系提出了明确要求，鼓励各地抢抓机遇，推进园区转型升级。

各地坚持围绕国家战略部署，人社事业转型升级，以改革创新精神抓实体建设，在服务中争主动，高起点定位、高标准建设人力资源服务产业园，全面推进人力资源服务产业的发展，有力促进了就业创业、人才优化配置、推动地方经济增长。

二、人力资源服务产业园发展现状

人力资源服务产业园作为行业规模化、集约化发展的平台，经过十余年的积极探索取得了显著成绩，截至2021年初，国家级人力资源服务产业园共22家，集聚了国内外人力资源机构3747家，2020年全年实现营业收入2568亿元，税收82亿元，为超过243万家（次）用人单位提供了服务，服务各类人员6343万人（次），提供就业岗位993万个，有效促进了行业集聚发展、就业创业和人力资源优化配置，成为人力资源服务的新动能和新增长点。[①]

（一）产业园呈现协调发展的新格局

人力资源服务产业园以服务当地经济社会发展为中心，以满足当地人力资源服务需求为目标定位，充分发挥"集聚企业、集聚人才、拓展服务、培育市场"的功能作用，因地制宜合理布局。自2010年上海人力资源服务产业园成立至2021年初，人力资源社会保障部与相关省市陆续共建立了22家国家级人力资源服务产业园（见表3），其中东部12家，中部5家，西部3家，东北部2家。东部沿海地区经济发展规模和人力资源服务业发达程度处于全国领先水平，人力资源服务产业园建设走在了全国前列；中西部地区人力资源服务产业园的后发竞争优势较为明显，特别是经济结构调整产业升级带来的新机遇和丰富的人力资源基础，为当地人力资源服务业和产业园的快速发展带来了强大动力和勃勃生机。各地结合自身特点打造了具有地域特色的国家级人力资源服务产业园，在全国范围内形成了竞争有序、错位发展的合理布局。

表3 国家级人力资源服务产业园基本情况[②]

名 称	获批时间	建筑面积（万平方米）	一园多区情况
中国上海人力资源服务产业园	2010年5月	6.68	上海人才大厦（核心区）、东部园（分园）
中国重庆人力资源服务产业园	2011年7月	20.2	重庆产业园（主园）、科学城园区（分园）
中国中原人力资源服务产业园	2012年7月	7.87	——

① 莫荣主编：《中国人力资源服务产业园发展报告（2021）》，社会科学文献出版社2021年版。
② 资料来源同上。

续表

名 称	获批时间	建筑面积 （万平方米）	一园多区情况
中国苏州人力资源 服务产业园	2013年12月	22.92	高新园区（核心区）、常熟园区（分园）、吴江园区（分园）、昆山园区（分园）
中国杭州人力资源 服务产业园	2014年12月	12.2	下城园区（分园）、江干园区（分园）
中国海峡人力资源 服务产业园	2014年12月	3	福州软件园（核心区）、福建人才大厦（分园）
中国成都人力资源 服务产业园	2016年5月	15.75	高新园区（分园）、经开园区（分园）、人才园区（分园）
中国烟台人力资源 服务产业园	2016年5月	3	——
中国长春人力资源 服务产业园	2017年5月	4.88	
中国南昌人力资源 服务产业园	2017年5月	10.3	经开园区（分园）、高新园区（分园）、小蓝园区（分园）
中国西安人力资源 服务产业园	2017年5月	44.3	碑林园区（分园）、西咸园区（分园）、高新园区（分园）、曲江园区（分园）、国际园区（分园）
中国北京人力资源 服务产业园	2018年10月	5.5	通州园区（分园）、海淀园区（分园）
中国天津人力资源 服务产业园	2018年10月	20.3	和平园区（中心园区）、发促中心园区（分园）、泰达园区（分园）、武清园区（分园）、津南园区（分园）、红桥园区（分园）
中国广州人力资源 服务产业园	2018年10月	5.92	天河人才港（核心区）、天河先导区、广报中心先导区、保利天幕园区（分园）、环球贸易中心园区（分园）、南沙园区（分园）
中国深圳人力资源 服务产业园	2018年10月	12.4	人才园园区（核心园区）、龙岗园区（核心园区）、南山园区（核心园区）、宝安园区（核心园区）、前海园区（支撑园区）、罗湖园区（支撑园区）
中国长沙人力资源 服务产业园	2019年8月	28.9	天心园区（主园区）、经开园区（分园）、高新园区（分园）
中国合肥人力资源 服务产业园	2019年8月	13.6	经开园区（核心园区）、滨湖园区（分园）、国际人才城园区（分园）、新站高新园区（分园）

名　称	获批时间	建筑面积（万平方米）	一园多区情况
中国武汉人力资源服务产业园	2019年8月	10.34	中央商务区园区（分园）、光谷园区（分园）、车谷园区（分园）
中国宁波人力资源服务产业园	2019年8月	12	宁波产业园核心园、宁波人才市场产业孵化基地（分园）、八骏湾园区（分园）、汉德城园区（分园）、北仑园区（分园）、北片产业园区（江北、镇海、保税、余姚、慈溪分园）、南片产业园区（宁海、象山、奉化分园）
中国石家庄人力资源服务产业园	2021年1月	27	高新园区（核心园区）、桥西园区（分园）、正定园区（分园）
中国沈阳人力资源服务产业园	2021年1月	5.5	——
中国济南人力资源服务产业园	2021年1月	20	中央商务区园区（核心园区）、历下园区（分园）、高新园区（分园）

（二）形成优质产业集群发展新模式

产业园坚持引进国内外知名企业，培育当地骨干企业，孵化有成长性的小微企业相结合，实现了服务产品供给从单一化到多元化，产业影响由弱小到强劲的巨大转变。截至2020年底，入驻国家级产业园的企业超3300家，集聚了任仕达、万宝盛华、科锐国际、中智、北京外企、上海外服、前程无忧等国内外知名人力资源服务机构，发挥人力资源服务产业园引领示范作用。同时注重引进和培育当地有发展潜力的人力资源服务机构，塑造本土优质品牌，助力当地人力资源服务机构发展壮大。

从业态分布来看，已涵盖了人力资源招聘、人才派遣、高级人才寻访、人力资源外包、人力资源培训、人才测评、人力资源管理咨询、人力资源信息软件服务等专业化、全方位、多层次的人力资源服务。随着人力资源服务产业园集聚效应的不断显现，与人力资源相关的服务业态如会计、法务、保险、健康服务、科技中介等商业服务也纷纷集聚到园区周边。多家产业园将出入境业务、商务信息咨询、财务管理咨询、文化艺术传播、教育培训等机构引入产业园，拓宽延展了人力资源服务行业的职能，实现多元化多层次共同发展的良好格局。

（三）实现经济、社会、人才效益丰收

随着我国经济进入高质量发展新阶段，人力资源服务新动能不断形成，各地对人力资源服务的需求旺盛。国家级产业园营业收入、税收连续三年稳步增长，营收和税收分别从2018年的1680亿元和50亿元，攀升到2020年的2568亿元和82亿元，年均增长率分别为24%和28%，入驻人力资源机构数量从2018年的2000余家攀升到2020年的3358家，年均增长30%，成为当地经济增长的新引擎。

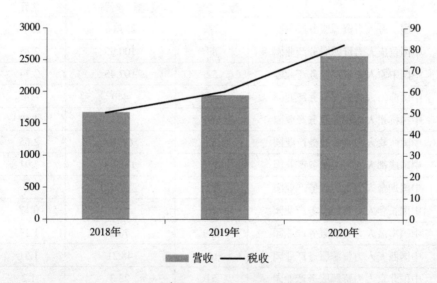

图2　2018—2020年国家级人力资源服务产业园营业收入税收（亿元）

数据来源：根据各地人力资源服务产业园提供数据汇总整理，2018年以前部分产业园统计数据不完整，因此选用了2018年以后数据。

2020年面对新冠疫情的影响和挑战，各地产业园帮扶人力资源企业复工复产，推进行业数字化转型，实现了疫情期间营业收入和税收的逆势上扬。22家国家级产业园中有18家营业收入较上一年同比上升，其中苏州人力资源服务产业园、杭州人力资源服务产业园、宁波人力资源服务产业园营业收入

分别为440亿元、355亿元和280亿元，处于全国领先水平；成都人力资源服务产业园、天津人力资源服务产业园、广州人力资源服务产业园、深圳人力资源服务产业园、中原人力资源服务产业园、合肥人力资源服务产业园、武汉人力资源服务产业园、重庆人力资源服务产业园均突破100亿元。从税收来看，苏州人力资源服务产业园、上海人力资源服务产业园纳税额突破10亿元，分别为14亿元和13.78亿元，宁波人力资源服务产业园、天津人力资源服务产业园、广州人力资源服务产业园均在5亿元以上（见表4），为推动行业和地方经济发展做出贡献。

表4 2020年国家级人力资源服务产业园经济效益指标[①]

名称	入驻企业数量（家）	营业收入（亿元）（含代收代付）	纳税额（亿元）
中国上海人力资源服务产业园	272	257.08	13.78
中国重庆人力资源服务产业园	89	100.95	2.15
中国中原人力资源服务产业园	52	107.45	2.74
中国苏州人力资源服务产业园	400	440	14
中国杭州人力资源服务产业园	260	355	4.49
中国海峡人力资源服务产业园	53	67.46	2.65
中国成都人力资源服务产业园	211	135.79	3.91
中国烟台人力资源服务产业园	53	23	0.5
中国长春人力资源服务产业园	46	5.01	0.17
中国南昌人力资源服务产业园	239	70.2	1.27
中国西安人力资源服务产业园	67	48.21	1.51
中国北京人力资源服务产业园	51	23.3	1.2
中国天津人力资源服务产业园	645	139.82	7.33
中国广州人力资源服务产业园	57	117.86	6.4
中国深圳人力资源服务产业园	134	109.32	3.61
中国长沙人力资源服务产业园	278	76.6	3.52
中国合肥人力资源服务产业园	95	106.2	2.71

① 莫荣主编：《中国人力资源服务产业园发展报告（2021）》，社会科学文献出版社2021年版。

续表

名称	入驻企业数量（家）	营业收入（亿元）（含代收代付）	纳税额（亿元）
中国武汉人力资源服务产业园	60	104.46	1.85
中国宁波人力资源服务产业园	296	280	8.2
总　计	3358	2567.71	81.99

产业园在拓宽就业渠道、推动创新创业、提升劳动者素质等方面发挥了重要作用。2020年，国家级人力资源服务产业园服务各类人员6524万人（次），为265万家（次）用人单位提供了人力资源服务，全年帮扶就业和流动人数1669万人次，提供就业岗位1062万个。[①]产业园加大人才引进培养力度，通过政策吸引、环境营造、合作交流、重点扶持等方式，打造人才"一站式"服务平台。2020年国家级产业园入驻机构引进高层次人才29万人，为当地企业培育、引进转型升级与高质量发展所需的各类人才发挥重要支撑作用。

（四）完善园区顶层规划和制度体系

国家和地方高度重视人力资源服务业和产业园发展，加强顶层规划，制定明确的发展目标和扶持政策，并纳入经济社会发展规划和重点项目，加快推进人力资源服务产业园转型升级。2017年，人社部印发《人力资源服务业发展行动计划》，将人力资源服务产业园建设作为人力资源服务业发展的重要推进计划之一。2019年，人社部印发《国家级产业园管理办法（试行）》对国家级人力资源服务产业园的概念界定、园区作用、基本原则、申报条件等内容予以明确，提出产业园建设应符合国家区域经济发展布局和当地经济社会发展需要[②]。

江苏省、河南省、浙江省、山东省、吉林省、江西省、北京市、天津市、广东省、河北省等多个省市出台了《加快发展人力资源服务业的意见》，将人力资源服务产业园建设作为发展人力资源服务业的主要任务和重

[①] 莫荣主编：《中国人力资源服务产业园发展报告（2021）》，社会科学文献出版社2021年版。

[②] 人社部：《人力资源社会保障部印发国家级人力资源服务产业园管理办法》2019年9月5日。

要抓手。南京市、石家庄市、苏州市等地出台了《人力资源服务产业园评估认定暂行办法》，对人力资源服务产业园申报条件、认定程序、管理监督等方面做出了规定。成都、长春等地产业园研究制定人力资源服务产业园管理办法、准入和退出管理办法，坚持以完善的制度流程抓好园区管理、人才发展、产业培育，进一步促进人力资源服务产业发展。

（五）加大政策创新和优惠支持力度

随着各地人力资源服务产业园第一轮扶持政策陆续到期，各地在原有政策基础上进行全面升级，抓紧制定新一轮具有战略性、针对性和实效性的政策。上海市、重庆市、烟台市等地的产业园出台了园区扶持新政，除延续房租减免、装修物管补贴、税收奖励、优秀企业奖励等优惠政策外，在实施简政放权、加大人才引进、强化财政支持、加强产学研对接、鼓励产品技术创新、举办各类活动项目、优化政府购买服务等方面实现了政策创新与突破。

为深入实施人才优先发展战略，大力引进海内外人才，支持人才创新创业，重庆市、上海市、西安市、北京市等地出台了人才引进办法。产业园出台了创新扶持奖励政策，积极引导支持人力资源服务机构开展产品服务、商业模式、关键技术等创新。多省市出台了人力资源服务业和产业园专项资金使用管理办法，支持园区强化平台建设、管理运营、服务保障、品牌培育。多地为提升现代服务业水平，打造特色楼宇，出台了楼宇经济发展奖励办法，鼓励产业园招商主体积极引进人力资源服务企业，发挥集聚效应。

（六）加强园区科学化规范化管理

各园区结合自身实际，探索不同的管理运营模式。充分发挥了政府和市场的作用，加强政府在人力资源服务产业园建设发展过程中的规划引导、政策激励、组织协调的作用；突出市场主体地位，引进市场化专业化运营公司，发挥专业机构在项目招商、企业入驻、配套服务等方面的职能作用。在园区建设初期，政府发挥主导作用，通常采取"领导小组（管委会）+办公室+运营公司"的管理运营模式。待园区发展进入成熟阶段，政府职能逐渐淡出，发挥市场主体的积极作用，合理界定园区决策、管理和服务运行主体。

为提升管理服务科学化、制度化、规范化，产业园细化了服务标准、完善了工作制度、提升了服务效率。全面建立园区工作制度、办公会议制度、考勤管理与休假制度、薪酬激励制度、岗位竞聘制度、科学设置部门，明确职责分工，严格内部管理，理顺工作流程，确保园区运转有序。成都市、苏州市、烟台市、西安市等地的产业园健全完善《入驻清退管理办法》《人才考核办法》《链条类企业考核办法》等机制，建立起适合产业发展的业绩评价和考核制度，加强对入园机构的激励管理考核，对考核不合格的企业予以腾退处理，提高主体楼宇资源利用率。建立了会议、统计、台账等制度，进一步理顺了园区内部关系，落实了工作责任，强化了内部协调。

（七）深化"放管服"改革优化营商环境

为持续深化"放管服"改革，更大激发市场活力，增强发展内生动力，各地人社部门及产业园不断提升行政效能，落实权力责任清单制度，简化优化公共服务流程，提升人力资源社会保障管理服务效能，让企业和群众享受更多优质化、便利化服务。西安市进一步精减优化人力资源服务机构设立审批流程，按照就近就便原则，将人力资源服务机构设立及其业务范围审批和属地化监管任务分工重新予以明确。天津市在人力资源服务行政许可领域率先实施京津冀协同办理，推进省际资格互认，加强与北京市、河北省的协调协作，推进人力社保行政许可名称、条件、要件、时限、程序"五统一"，实现行政许可办理过程的可复制，同时将人力资源服务行政许可权限最大限度地下放至滨海新区和天津自贸区，实现就近办理。《合肥市进一步优化营商环境更好服务市场主体工作方案》明确，优化投资项目在线审批监管平台审批流程，加快"皖事通办"平台建设，实现7×24小时不打烊；积极推进省际职称互认，建立专技人才数据互通、互享、互认机制。宁波人力资源服务产业园在全省范围内率先"解绑"人力资源服务相关行政许可，将相关行政许可下放到区县（市）一级，取消人力资源服务机构举办人才招聘会和人力资源对接会的行政许可要求。

（八）提供全方位公共服务和市场化服务

人力资源服务产业园树立"服务企业和服务产业是产业园的生命线"的服务理念和价值宗旨，努力打造人力资源社会保障公共管理服务、人力资源市场化服务有机结合、优势互补的多功能园区。一是提供全方位"一站式"公共服务，通过搭建专门的人力资源公共服务平台，建成网上服务大厅，为入驻企业和人才办理就业创业、人事人才、社会保险、劳动维权、注册登记、证照审批、纳税申报以及优惠政策兑现等全面快捷的"一站式"综合服务。二是开展专业化特色服务，为企业搭建发展平台。人力资源服务产业园发挥各自优势和特色，针对入驻企业提出的需求提供专业化特色服务。搭建企业对接平台，实现园区企业与用人单位实时对接，扩展园区企业业务范围，促进入驻企业平稳发展，通过人力资源服务"区县行""基地行"等活动推动园区企业与区县政府和实体企业直接对接。围绕当地主导产业人力资源服务需求，搭建人力资源协同发展联盟，集中整合梳理人力资源各大服务模块全部服务产品，方便各类服务需求者对接购买人力资源服务产品。多地举办了各类内容丰富、形式多样的活动，如峰会、论坛、博览会等，扩大行业和产业园的影响力和知名度。

（九）加强从业人员队伍素质建设

各地依托产业园实施行业人才培养计划，提升从业人员素质。中原人力资源服务产业园积极开展行业培训活动，培育骨干企业和领军型企业家，邀请行业主管部门领导、一流专家学者等解读形势与政策，分享最前沿思想，研判最新发展趋势，组织入驻企业"走出去"学习先进模式和经验。海峡人力资源服务产业园为提升园区工作人员素质和职业化水平，围绕产业要求、产业园运营管理、招商引资、物业服务等定期开展多样化培训，通过专家讲座、专题辅导、外出参观等方式提升工作人员的综合素质。天津人力资源服务产业园开展人力资源服务机构工作人员培训，内容包含法律法规、人力资源服务京津冀区域协同地方标准、行业发展方向与最新动态、业务理论知识与业务技巧等诸多方面的知识。

（十）开展人力资源服务行业基础研究

产业园加强人力资源服务行业基础研究，引领行业创新发展。一是以产业园为依托成立产业研究院。中原人力资源服务产业园、海峡人力资源服务产业园筹划成立人力资源服务产业研究院，研发创新人力资源服务产品，为产业园发展、人力资源服务产业发展、经济社会发展提供最前沿的人才经济理论支撑。二是加强产业园标准化建设。上海人力资源服务产业园、北京人力资源服务产业园启动推进国家人力资源服务产业标准示范区建设，举办《人力资源服务机构能力指数》标准政策解读培训班，引领贯彻实施国家标准。外服协会、北京市、上海市等人力资源服务行业协会积极协助开展行业和地方标准制定和宣传贯彻工作。三是开展行业和产业园统计工作。建立科学完善的统计体系和统计制度是制定产业园宏观决策、指导产业园运行的重要依据。多地产业园建立了统计指标体系，涵盖了园区的基本情况、工作人员情况、入驻企业情况、公共配套服务、专业化服务、市场化服务、经济社会效益统计指标，既全面科学地反映了产业园入驻企业的基本情况、运营情况和经营效益，又反映了园区在完善服务保障和积极落实政策方面取得的显著成效。四是借助丰富的人力资源数据资源，构建人力资源服务大数据平台，成为人力资源信息集散地，并为政府和园区内企业提供人力资源大数据应用服务。

第三章

人力资源服务产业园发展规划

人力资源服务产业园发展规划是根据国家区域经济发展布局和当地经济社会发展需要，对园区指导思想、发展战略、产业定位、功能布局、运营模式、政策保障等进行充分论证，形成科学合理的发展规划。人力资源服务产业园建设要坚持"规划先行"的指导原则，制定科学合理、可操作性强、具有前瞻性的发展规划，指导产业园健康发展。

一、人力资源服务产业园建设基本条件

当前我国多个省市正在积极筹划、建设人力资源服务产业园区，全国掀起了园区建设的热潮。但从总体来看，我国人力资源服务业整体实力不高，发展不平衡不充分，部分地区人力资源服务供给和需求水平有待提升，产业园建设缺乏有力行业支撑。因此，人力资源服务产业园建设应该结合各地实际，做好必要性和可行性论证。根据各地经验总结，人力资源服务产业园建设应具备以下基本条件：

第一，经济产业转型发展的需求。随着我国加快产业转型升级的步伐，对中高端人才的需求正逐年递增，尤其是对复合型高技能人才、研发人才、高级管理人才的需求增幅更加明显。此外，越来越多的企业将与本公司核心业务相关性弱或需要大量人力物力、管理成本高的业务转包出去。这将在人力资源外包服务、人力资源软件、人才测评、人才培训、人力资源管理咨询等方面产生大量的人力资源相关服务市场需求。通过建立产业园区，有利于

提升人力资源服务业的规模化、集约化、专业化程度，更好地满足当地经济社会发展对人力资源服务的多样化需求。

第二，完善的人力资源服务体系。建设产业园区的城市应形成较完整的人力资源服务业态，其市场规模和当地的经济体量相匹配；公共人力资源服务机构和经营性机构健全并行发展；人力资源市场统一规范、竞争有序。

第三，多层次的劳动力供给。建设产业园区的地区需要拥有充足的、多层次的劳动力供给，吸纳本地和外地劳动力在劳动力市场体系中流动，并逐步培养熟练劳动力，高技能、高素质的人才，为人力资源服务业提供多层次的劳动力供给。

第四，政府部门的重视和政策支持。各地人力资源和社会保障部门应认识到产业园区对人力资源服务业发展的推进作用，积极协调有关部门结合实际，出台人力资源服务业和园区的发展规划和财税、金融等扶持政策，指导园区建设工作有序开展。

第五，良好的区位优势。人力资源服务产业园区别于工业园区的特点之一是需要贴近服务企业和劳动者，因此产业园应选择在地理位置优越、交通方便、信息通信发达的地区，能为企业和求职者提供便捷高效的服务。

第六，科研智力的支撑。人力资源服务业是高科技含量、高附加值、高人力资本的行业，因此人力资源服务产业园区应依托当地的高校、科研院所，为园区提供科研智力支持，加大对园区自主创新的支持力度。同时加大人才引进力度，重点引进园区的经营管理、研发等人才。

因此，各地应结合当地的经济产业发展情况、人力资源特点，以市场需求为导向，以促进人力资源服务业要素聚集、提高行业运行效率和服务水平、节约集约利用土地资源为目标，按照科学规划、合理布局、整合资源、完善功能的基本原则，建立各具特色的产业园区，为人力资源服务业搭建发展平台。

二、人力资源服务产业园战略定位

人力资源服务产业园充分发挥"集聚企业、集聚人才、拓展服务、培育市场"的重要作用，结合国家重大战略实施和重大项目建设，以国家中心城市、区域中心城市以及国家级新区、高新技术开发区、经济技术开发区等产业聚集区域为依托，继续培育建设一批有规模、有辐射力、有影响力的国家级人力资源服务产业园。鼓励有条件的地区根据本地经济发展和产业转型需要，培育建设各级各类有特色、有活力、有效益的产业园，服务国家地方发展经济社会大局，因地制宜合理布局。

（一）指导思想

坚持以习近平新时代中国特色社会主义思想为指导，全面贯彻党的十九大和十九届二中、三中、四中、五中全会精神，以国家中长期人才发展规划纲要以及中央、省市人才发展战略为指导，围绕深入实施就业优先战略、人才强国战略、创新驱动发展战略，主动融入"双循环"发展格局，对接当地经济社会发展的人力资源需求，深化人力资源服务业供给侧结构性改革，推动人力资源服务集聚发展，在人力资本服务等领域培育新增长点、形成新动能，为经济和社会高质量发展提供优质高效的人力资源服务支撑。

（二）战略定位

人力资源服务产业园服务国家地方发展经济社会大局，园区规划结合"一带一路"、京津冀一体化、长三角一体化、粤港澳大湾区建设等国家重大发展战略机遇，围绕当地经济社会发展和产业结构调整的需要，立足当地支柱产业、现代服务业和高新技术产业发展，因地制宜合理布局。

中国北京人力资源服务产业园在落实首都城市战略定位和推动高质量发展，为全国科技创新中心建设和京津冀协同发展提供更有力的智力支持和人才保障[1]。中国天津人力资源服务产业园加快聚集高端人力资源服务机构，更好地服务京津冀协同发展、"一带一路"等，将园区建设成为"立足天津、服务京冀、全国领先、国际知名"的高端人力资源服务产品、项目、开发和供应基地。中国广州人力资源服务产业园、中国深圳人力资源服务产业园围绕粤港澳大湾区建设，打造成为特色鲜明、布局合理、功能完善、有影响力的国家级人力资源服务高地，在服务广东省、服务华南、辐射港澳至全国经济社会发展、促进就业创业和优化人才配置中发挥重要作用。中国宁波人力资源服务产业园、中国合肥人力资源服务产业园作为长三角地区新建国家级人力资源服务产业园，在服务长三角一体化发展和"一带一路"建设提供强有力的人力资源支撑。中国长沙人力资源服务产业园建设为全国"两型社会"综合改革配套试验区建设和中部地区崛起战略提供更有利的治理支持和人才保障[2]。中国武汉人力资源服务产业园为中部地区优化人才配置，推动经济高质量发展提供强大动力。

（三）产业定位

人力资源服务产业园产业定位是指根据当地具有的综合优势和独特优势、所处的经济发展阶段以及人力资源服务供给、需求情况，确定产业园未来产业发展方向。

以上海、苏州人力资源服务产业园为例，由于产业构成、价值链分工、发展环境等因素差异，两园均选择不同的产业定位。一是产业构成差异。上海是以高新技术产业、现代服务业为主要产业，苏州目前以制造业为主要产业。二是价值链分工不同。许多跨国企业的总部落户上海，需要将生产加工基地布局在其他具有比较优势的地区，形成价值链分工，这恰恰是苏州可以发挥特长的地方。三是发展环境差异。苏州相比上海在吸引人才方面有差距，中高端人才相对缺乏。因此，两地产业园找准切入点，上海人力资源服

---

[1] 人社部：《人力资源社会保障部关于同意建立中国北京人力资源服务产业园的函》（人社部函〔2018〕128号），2018年10月10日。

[2] 人社部：《关于同意建立中国长沙人力资源服务产业园的函》（人社部函〔2019〕122号）。

务产业园重点引进培育高端猎头、管理咨询、人才测评等高端服务业态，苏州人力资源服务产业园重点引进培育人力资源服务外包、人力资源培训等业态服务技能人才，两地产业园各自发挥自身优势，着力差异化发展战略，形成互补的人力资源产业结构。

三、人力资源服务产业园功能布局

园区的功能布局对于园区的整体建设是至关重要的，关乎园区未来的总体发展方向以及相关产业链的形成。根据产业园区位条件、市场需求与资源承载力，确定空间布局方案，统筹布局人力资源服务各功能板块，形成人力资源公共服务、市场化服务、配套服务协调共生的发展格局。

（一）功能定位

突出"集聚产业、培育市场、孵化企业、规范管理"核心功能定位，搭建人力资源服务机构集聚发展平台。

集聚产业。围绕当地产业发展的特点，培育引进人力资源测评、人力资源管理咨询、高级人才寻访、人力资源信息软件服务等中高端服务业态，促进招聘、劳务派遣等初级传统业态转型升级，探索人力资本价值评估、评测和交易，人力资源金融创新平台等复合型业态及载体建设，促进行业集聚发展、创新发展、融合发展，逐步形成产业特色突出、服务功能完善、现代高端的人力资源服务产业基地。

培育市场。以国家级人力资源服务产业园建设为抓手，充分释放市场主体动能，持续延伸和深化人力资源产业链，培育供需对接畅通、服务功能全面、区域辐射面广、产业带动力强的人力资源市场。推动人力资源服务产业和人力社保公共事业有机结合。

孵化企业。通过政策扶持、资金扶持、房租补贴、市场开拓资助、政府公共服务外包等措施，培育、引导、扶持其做大做强，培育一批实力雄厚、影响力大、核心竞争力强的人力资源服务集团。

规范管理。通过完善人力资源市场运行机制和监管体系，加强行政管理手段监控和引导人力资源服务行业企业的发展，淘汰不法经营的人力资源服务企业。通过整合资源，提升园区产业服务供给能级。

（二）功能布局

将发展人力资源服务产业和推进人力社保公共事业有机结合起来，努力打造一个人力资源社会保障公共管理服务、人力资源市场化服务和生产生活服务三类产业有机结合，公共服务区与产业区功能互补，软硬件资源共享的产业与事业联动融合、互利双赢的多功能园区。

1. 公共服务窗口区

人力资源服务产业园集成了省市区人社和公安、工商、税务等行政部门对外公共服务职能，组建业务代办服务中心或窗口，免费为入驻企业和求职者办理注册登记、证照审批、税务办理、社会保险、劳动维权、就业创业、档案托管、户口挂靠等"一门式、一站式、一条龙"服务，降低企业运营办事成本，提高企业运作效率。

表5　人力资源服务产业园公共服务项目

产业园	公共服务项目
上海	证照办理业务、社会保险配套服务和医疗保险专门服务、人力资源招聘服务及档案管理服务、涉外公共服务综合平台等
重庆	集五险合一经办中心、社保基金结算中心、业务档案管理中心等功能于一体，统筹城乡的社会公共服务平台
杭州	社会保险、劳动维权、就业管理、档案托管、户口挂靠以及行政审批、公共资源交易
海峡	工商、人才、党群等50多项审批和服务项目
成都	人才选聘、人力资源咨询、社保办理、就业指导、劳动纠纷调处等
烟台	将129项业务优化简化为就业人才、社会保险、职能审批和劳动关系三个模块，并制定实施统一的工作流程
长春	公安、工商、国税、地税、社保设立办事窗口，并加强支持力度
南昌	就业创业、社会保障、职称申报、人才引进、争议调解等服务

资料来源：根据各产业园提供资料整理。

2. 产业发展功能区

产业发展区是园区的主体功能区，引进各类人力资源服务企业入驻，建成市场化人力资源企业服务功能区。根据人力资源服务企业办公需求，设置不同的入驻户型，分别引入国内外知名人力资源服务企业、本地骨干企业和具有业务有特色且有良好发展前景的中小型人力资源服务企业。注重业态结构的完整性、平衡性与可塑性，通过业态拓展改善园区的产业结构，形成多层次结构完整的产业链，使园区的发展与当地人力资源服务业的发展相融合，与当地经济社会和重点产业的发展相贴近。

3. 产业配套服务区

建立健全专业化、信息化、标准化的人力资源配套服务体系，一是共享配套设施。为园区入驻企业提供共享会议室、培训教室、路演室等共享设施，并在招商和运营初期对入驻企业予以设施租金优惠。二是规范化的人力资源要素市场，集人力资源信息提供、引进配置、培训测评、档案托管、信息查询与大学生就业指导、就业见习、创业实训于一体。三是技能培训服务区，集中引入职业技能培训机构、教育培训机构，考试测评机构、继续教育机构等。四是信息服务平台，建立人力资源信息交互中心和供求信息发布中心，利用互联网技术，打造线上人力资源服务产业园。四是引进金融、法律、保险等商业配套服务机构，为入驻企业提供商务配套服务。

4. 生活配套服务区

完善园区的生活配套设施建设，包括园区交通、通信、物流、信息等基础性设施建设，以及住宿、餐饮、休闲、健身、娱乐、教育、培训等配套生活设施和场所，打造设施齐全、生活便利、信息互通、交通便捷的园区环境。

四、人力资源服务产业园建设管理

人力资源服务产业园以"政府推动、市场化运作"的管理运营模式，通过政府推动、联合省市区相关部门共同形成合力，并且不断引入社会资源的方式，实现园区运营管理效能的提升。

（一）建设模式

建设人力资源服务产业园区有三种实现途径：现有组织转型、园区功能叠加、新建产业园。

现有组织转型是在公共人才服务机构的基础上，进行组织转型、功能再造，厘清公共服务和市场服务。公共人力资源服务机构入驻园区，可促进经营性服务与公共服务的分离。公共机构逐渐剥离经营性业务，成为园区的管理者和服务者，退出经营性业务，实现职能转变。经营性业务进驻园区，获得必要的扶持，逐渐成为独立的市场主体。该种模式的优点是有利于促进公共人力资源服务的体制改革，赋予公共人力资源服务机构的体制改革，赋予公共人力资源机构新职能，为公共人力资源服务机构的发展提供可持续发展的空间。同时，有利于经营性业务突破体制的束缚，在园区的培育下，按照市场经济的原则，实现快速的发展。该种模式以苏州人力资源服务产业园昆山分园为典型。

园区功能叠加，是在现有的成熟的各类经济园区的基础上，进行功能叠加，赋予园区发展人力资源服务业的新功能。现有园区功能叠加，有利于促进园区内的人力资源服务企业和其他产业的协调发展，有利于促进园区从生产性服务企业集聚向服务性企业集聚，促进园区的产业转型升级。有利于为园区吸引一批专业化的人力资源服务企业，促进人才、劳动力、技术向园区集聚。同时，依托现有园区招商、服务、管理的成熟经验和扶持政策，可以快速实现人力资源服务产业园区的运作。该种模式以苏州人力资源服务产业园高新分园为典型。

新建产业园，是将人力资源服务业列入现代服务业发展规划，建设一个与公共人才服务机构或园区不相关的管理机构，另辟一块区域，另设一套机构，建立新的园区，促进人力资源服务业发展。该种模式的缺点是缺少人力资源服务的专业知识和发展人力资源服务业的经验，缺少现有园区成熟的管理和服务经验。该种模式以重庆、中原人力资源服务产业园为典型。

通过三种园区实现途径比较，可以发现前两种模式因具备产业发展和管理实践的基础，因此建立转型园区的过程相对容易，可以快速实现园区的运作，优势明显。而新建产业园区，由于政策、管理、实践经验缺乏，园区建设管理运营投入相对较大，风险较高。因此，各地在规划产业园时应结合实际情况，将原有的人力资源服务优化重组，转化为园区的发展优势和基础保障。

（二）管理运营

建立何种管理运营模式对于园区的发展起着至关重要的作用，如何充分发挥市场的作用，政府在园区管理中发挥何种职能，需要理论和实践的不断探索和论证。

1. 主要原则

一是坚持政府主导与市场运作相结合。健全服务体系、完善服务功能、规范市场秩序。坚持"政府主导、企业主体、市场化运作"相结合的原则，研究政府和市场在人力资源服务产业园建设开发、运营管理服务中的各自作用。人力资源服务产业园实质是政府和市场相结合的行业发展模式，一方面，坚持"到位而不越位"的主导思想，从政府层面积极制定产业发展规划、出台产业发展政策，改善产业宏观发展环境。另一方面，充分发挥市场的决定性作用，鼓励企业符合现代市场经济要求，提供多元化高质量的人力资源服务。

二是坚持公共服务与经营性服务相结合。产业园是促进公共人力资源机构职能转变，实现管办分离、政企分离、事企分离的重要途径。以"双轮驱动、两翼齐飞"为特征，公共服务和市场经营性服务并举，产业园既要成为当地人力资源市场公共服务的中枢，又鼓励吸引集聚人力资源服务企业，形成产业化发展平台。公共资源和市场机制结合起来发挥合力，共同促进产业培育和市场发展。

三是坚持人力资源服务与产业转型升级相结合。根据创新驱动、转型发展的总体要求，产业园应着力提升人力资源服务业在促进现代服务业发展中的先导作用，以高端推动、产业引导、政策扶持和环境营造为重点，进一步延伸服务功能、提升品质，促进产业链的互补发展和产业间的协同发展促进经济发展方式转变，推动人力资源服务水平提升和产业转型升级相结合。

2. 管理运营模式

产业园管理运营模式主要有以下几类：

（1）"联席会议+联席办+服务办公室"管理运营模式。采用"联席会议+联席办+服务办公室"管理运营模式的国家级园区有上海人力资源服务产业园。第一，上海产业园成立发展领导工作小组，召集人由分管副市长负责，市人社局、静安区政府、发改委、经信委、商委、科委、财政局、工商局、地税局、质监局等单位负责人担任联席会议成员，负责研究审定"园区"发展的重大方针、政策及发展中的重大事项等。第二，联席会议下设办公室，负责实施推进发展规划、年度工作计划以及重大责任目标；督查指导规划、政策的落实及年度工作目标的完成情况。办公室设在人社局，由市开发处负责具体业务的开展，办公室主任是人社局分管局长和静安区分管区长。第三，园区的运营由产业园服务办公室具体负责，由市人才服务中心、区人才服务中心、区投资促进办公室抽调工作人员组成，主要承担园区企业引进、管理和服务工作等。

该种管理运营模式的优点：上海人力资源服务产业园在管理服务体系建设方面进行了有益探索。形成了市政府决策部署层面、市局和静安区政府会商执行层面、园区服务机构日常管理层面的"三级"管理体制。该模式一方面构成灵活，可适应于园区不同的发展阶段。既可以在园区建设初期充分发挥政府的主导和推动作用，又可以在园区运行日渐成熟之后强化市场机制的主导作用。另一方面有助于联合多部门共同形成合力，获得尽可能多的资源和要素支持。与此同时，在园区具体运行层面也能够较好地实现"落地"，使各项政策措施得以有力实施，为园区实现规范持续发展创造良好的体制机制保障。

该种管理运营模式存在的问题：联席会议模式相对于管委会模式较为松散，可调动和协调的行政职能相对弱化，联席会议办公室的牵头部门、成员单位及具体职责尚不够明确，涉及园区重大事项的沟通协调尚未完全形成合力。可见，联席会议办公室职能有待进一步加强。对于刚刚成立的园区服务办公室，并非实体单位，难以为产业园区发展提供个性化的企业服务，有效满足产业园区企业日益广泛的公共服务需求。

（2）"产业园管理委员会+管委会办公室+管理运营企业集团公司"管理运营模式。重庆、海峡人力资源服务产业园采用"产业园管理委员会+管委会办公室+管理运营企业集团公司"的管理组织运营模式。人力资源服务产业园管理委员会作为产业园非常设的省级层面决策协调主体，主要负责产业园建设发展重大政策研究、重大发展战略制定、制定统筹发展规划和拟定年度计划、负责协调省、市区各相关部门、制定出台鼓励产业园发展的优惠政策和标准等。

管委会下设两个常设工作部门：一是管委会办公室；二是专家咨询委员会。管委会办公室作为园区建设管理主体和责任单位，其性质为产业园的日常管理机构、工作机构和实体行政机构。办公室的职责为：负责落实管委会决定的各项重大事项；负责园区基础设施建设、资产运作、市场培育、产业发展；统筹园区的公共就业服务规划管理和公共服务平台建设；负责重大活动、重要会议的组织安排；负责人事管理、劳动和社会保障等工作。

为加强对园区建设管理的宏观走势预测及发展研究，提高园区重大事项决策的科学性，重庆和海峡人力资源服务产业园成立园区"专家咨询委员会"，聘请政府、科研机构和专业人士担任顾问，如海峡人力资源服务产业园聘请台湾地区具有丰富园区管理经验者。委员会职责为咨询指导，在管委会设专人服务和联络专家，工作机制以定期研讨和召开会议形式，为园区的重大决策事项和重点项目建设提供决策建议，为园区发展出谋划策。

产业园的运营模式采用"政府主导，市场化运作"的方式，组建产业园管理运营公司，承担产业园日常运营管理和对外招商工作，主要职责包括：园区物业管理、招商引资、开发建设、公共服务平台建设维护等基本职能。管理公司采取由人社局或国资委注资，并吸收社会资本，采取混合所有制形式，引进专业管理机构实行市场化运营，公司实行企业化经营，由人社局或国资委领导和监督调控。

"管委会+办公室+管理运营集团公司"模式的优点体现在：一是容易形成政府和市场合力，决策运行效率较高。决策主体定位于省级层面的统筹协调，有利于进行跨委、办、局等市级层面的宏观协调，决策效率相对较高。管委会管理层级高配，可充分发挥园区管委会和办公室的管理职能，有利于发挥政府推动职能。园区办公室行使园区的日常管理职能，有助于政府对园区的规范引导，落实实施相关政策，有利于园区的初期建设发展。二是管理组织运作简单，可尽快推行园区工作开展。管委会和办公室的管理人员可以尽快落实，而且原有公务员事业单位人员身份和编制不变，有利于短期内尽快搭建领导班子。三是管理运营公司职能明确，主要负责物业、招商、开发建设、公共服务职能，有利于推动园区运行工作的尽快开展，发挥市场主体作用。待园区进入稳定成熟阶段后，可以逐步扩大公司职能，发挥园区市场主体更大作用。

（3）"建设工作（发展）领导小组+办公室+分园区办公室"管理运营模式。苏州人力资源服务产业园"一园多区"管理运营模式。苏州市遵循"整体规划、市区联动、分区运营"的原则，更好地实现集约高效的管理，由苏州市政府牵头成立了苏州市推进人力资源服务业发展暨国家级人力资源服务产业园建设工作领导小组，明确由领导小组加强对全市人力资源服务产业和人力资源服务产业园的组织领导。在此基础上，成立四个常设机构：产业园管理办公室、专家委员会、分园区管理办公室、产业研究所。

成立"中国苏州人力资源服务产业园管理办公室"，与苏州市人力资源和社会保障局就业促进与市场管理处（失业保险处）合署办公，并于2015年1月30日，中国苏州人力资源服务产业园管理办公室正式挂牌入驻苏州狮山路22号高新区人才广场。办公室的正式挂牌入驻标志着中国苏州人力资源服务产业园运行管理机制正式到位，产业园区正常、高效运转将得到保障。办公室主要负责贯彻实施人力资源服务产业园区发展规划、产业政策措施，为人力资源服务机构的发展创造良好环境；对入驻企业的筛选和管理；统筹人力资源服务产业园的资金管理等。

成立"中国苏州人力资源服务产业园区专家委员会",具体职责是为园区决策者把脉园区发展方向,提供战略咨询;跟踪研究园区发展,为园区发展提供咨询服务;负责组织园区发展研讨会;为园区企业提供咨询服务;为园区宣传和引进人才、企业服务。

成立分园区管理办公室:为进一步加强分园区管理,昆山市、常熟市、高新区、吴江分园区成立分园区管理办公室,负责分园区的管理工作。2015年,各分园区管理办公室建设全部完成,产业园上下联动、分工合作的组织架构基本形成,各分园区之间的统筹协调能力将进一步得到提升。现阶段园区的运营模式,采取由中国苏州人力资源服务产业园管理办的管理输出方式,指导各园区运营,通过分园区管理办将管理模式、运营模式、产业标准、业务架构移植到分园区。

产业园管理模式可以随着园区的不断发展完善而变化。在园区建设初期,特别是人力资源服务业不发达地区,政府应充分发挥其推动作用,为园区发展提供政策、资金、服务保障等支持平台,推动园区逐步走向市场化。待园区逐步发展成熟,政府在园区中的管理职能应逐步淡出,使市场化专业化的管理公司成为园区建设和管理的主体,建立政府督导、市场化运作的园区管理运营模式。园区发展到高级阶段,可以考虑将社会资本引入园区,鼓励和吸引民间资本参加园区的建设,尝试引进专业化产业园运营商对园区进行市场化运营。

(三)招商引企

1. 明确招商引企需求定位

根据产业园的发展目标,立足现实集聚、着眼长远发展,坚持多元化、专业化、品牌化,坚持招商和选商相结合。加快形成人力资源服务产业链和配套服务产业群,提高园区综合服务保障能力,重点引进以下五类机构:人力资源服务企业、公共服务机构、金融服务机构、信息技术服务机构、配套保障企业。

为确定入驻企业类型,建议对产业园所在地区不同行业、不同所有制性质的用工企业开展"企业人力资源服务需求"问卷调查，了解人力资源服务的需求情况。同时在供给层面，对当地人力资源服务企业进行调查，分析行业发展的现状特点、优势不足，确定产业园招商的目标企业类型、数量规模。

2. 组建合理的招商团队

为了保证产业园建成后能够迅速集聚相关企业和机构，顺利开园运行奠定良好的基础，建议采取政府推动和商业化运作相结合的招商方式，由当地市区政府、人社厅局为牵头单位，组织专业力量进行招商，行业协会商会协助招商。健全招商引资人员配备机制，鼓励有经验、有学识的人员从事招商引资工作。

3. 制定科学的招商模式

人力资源公共服务窗口，工商、税务等办事窗口，人才市场等机构通过政府主导统筹集聚。通过市场招商集聚包括，吸引国内知名人力资源服务企业以及金融机构、信息技术公司等。采取定点邀请参观考察、主动上门宣传推广、开展商务谈判、设置绿色通道、一事一议优惠等方式，由招商团队专项负责、重点攻关。

五、人力资源服务产业园保障措施

人力资源服务产业园是政策实践示范先行区，优惠的扶持、完善有力的保障措施，良好的环境有利于推动园区企业健康快速成长，是各地产业园建设和发展的成功经验。各地人力资源服务产业园出台了财税、金融、招商、人才引进等相关政策措施，注重集聚公共服务、吸引企业地区总部入驻、产业链培育、鼓励创新创业。

（一）优化发展环境

1. 加快人力资源服务业与本地产业协调发展

聚焦区域人力资源和人才服务需求，加大对战略重点产业的人力资源服务支持，围绕当地战略主导产业，开展重点服务。积极配合区域发展战略，建立适合本地发展需求开放的产业园，引导鼓励入园企业加强服务对接，提高人力资源服务的经济贡献度。引进高端服务，扩展中端服务，改善低端服务。产业园未来还应结合区域发展机遇和人力资源服务需求，探索国际化发展空间。

2. 加强人力资源服务产业园与人才政策的对接

建立本地重点和战略产业目录，对目录内的人才引进培养和劳务服务实施重点补贴或奖励。在人才引进、培育、服务等方面持续发力，构建人才招聘、技能培训、劳务派遣、企业管理咨询等"一条龙"人力资源服务产业链。拓宽引才聚才渠道，举办高层次人才对接活动，吸纳更多人才进入企业。产业园结合各级人才引进政策建设或租赁人才公寓。建立园区与产业、科研、教育机构的对接平台，延伸人才服务链。

3. 建立与其他产业园对接互动机制

产业园应积极参与跨区域合作和跨行业对接等活动，建立跨地区的人力资源服务集聚区联合互动机制和行业互动机制。建立省内外、各层次产业园对接互动机制，鼓励人力资源和人才在区域内合作。支持园区机构积极承办各种高水平学术研讨和业务交流活动。

4. 建设政府采购服务平台

支持园区建设人力资源服务采购平台，对省市县（区）各级政府开放。采用线上线下相结合方式，外包各类政府服务项目，鼓励企业以众包、分包形式承担大型政府服务项目。加大政府购买服务力度，引导人力资源服务机构有序承接政府转移的人才培养、评价、流动、激励等职能，推进人力资源管理服务体系市场化、社会化发展。

（二）完善政策支持

1. 入园优惠政策

吸引优质企业和人才进入人力资源服务产业园，鼓励吸引国内外人力资源服务百强企业、区域性总部企业、诚信示范机构、骨干企业等入驻园区。

对于入园企业房租、物业费用参照其他国家级产业园通行做法，实行"两免三减半"，为入驻企业提供优质的共享办公环境。降低人力资源服务产业园入驻企业注册资本门槛，放宽注册资本和外资比例限制。对于协助引进知名和优质人力资源服务企业的机构或个人，给予招商补贴。

2. 产业扶持政策

支持机构服务于区域产业发展。一是支持园区企业加强区域产业贡献。园区人力资源机构一次性为区域重点产业企业招工达到一定标准的给予奖励；面向战略产业、高新技术产业的人力资源服务业务达到一定规模的，给予财政奖励。二是对产业园区内的小型微利企业减征所得税，具体实施期限按国家相关税收政策规定执行。三是鼓励人力资源服务产业园区内企业承接公共服务外包项目，公共人力资源服务项目优先面向园区内企业招标。四是加强人力资源服务产业园与各产业部门的对接，提高服务匹配效率。

3. 企业奖励政策

提供企业发展的多方面支持。其一，提供高管激励。在园区人力资源服务机构工作的高级管理人员，给予个人所得税奖励。其二，鼓励企业上市扩大规模。对在国内主板、中小板、创业板、"新三板"等上市融资的，给予奖励。其三，鼓励培育品牌。鼓励园区人力资源服务机构注册和使用自有人力资源服务商标，争创国家、省、市著名驰名商标。其四，鼓励诚信建设。园区人力资源服务机构获评全国、省级、市级人力资源服务诚信示范机构的，给予奖励并简化监管流程。其五，建立产业园入驻企业动态评估标准，制定入园企业资格标准和退出制度。

4. 引才育才政策

提供多层次引才支持。鼓励园区机构参加或举办招聘会、推介会等招才引智活动。对于引进省外高级管理和专业人才且稳定就业的，给予奖励，对于引进人才成效突出的机构，予以认定并给予运营补贴，对高校毕业生引进服务提供补贴。加强柔性引才的长效机制，对于柔性引才实现显著经济社会效益的相关服务机构给予支持奖励。加强人才技能开发。鼓励机构开展培训市场中介服务，提高技能开发的供求匹配效率。加大校企精准合作力度，扩大外部教育培训资源引入和合作机制，对于服务机构的相关服务成果给予经费补贴。提供实训见习基地建设示范奖励。

5. 创新创业政策

建设产业园的专业性创新创业基地。重点培育创新能力强、服务质量高、专业能力突出的高新特色小微企业，扶持服务能力突出、市场认可度高的创新性企业。建立创业创新服务中心，完善产业园中小微企业公共服务，整合各类创新创业政策。支持创新创业担保贷款，提供贷款服务。

支持市场化人力资源服务业创业孵化基地建设。对专业孵化器、众创空间参照高新区相关政策。将人力资源服务业纳入高新园区小微企业重点支持范围，给予创业政策的财政、税收激励和银行贷款支持。

为园区企业提供融资支持。设立人力资源服务产业发展引导基金，积极对接金融机构，探索创新担保和评估机制，提供人力资源服务企业的融资便利办法，鼓励企业上市融资。加强信用体系建设，不断创新中小微企业融资服务。

（三）整合服务资源

1. 建立公共服务平台

设立公共服务"一站式"窗口，将行政审批、就业管理、社保事务、政策咨询、档案代理、人才服务等事务集中在产业园。建立国际人才一对一接待制度，为国际人才办理外国人居留、工作许可、教育、医疗、住房等提供专人全流程服务。

产业园内公共服务资源和市场化资源要实现有机融合。产业园实现集聚发展，能够培育完善的人才服务供应链，加强公共资源和市场资源的协调配合，利用市场资源提高公共服务效率。产业园要充分发挥市场机构承担就业服务、人力资源流动配置、人才引进培养的多重功能。

2. 鼓励社会化资源参与

鼓励人力资源服务行业协会、相关行业商会、教育培训机构等社会组织入驻，扩大招商引资渠道，集聚社会化培训资源，加强行业指导和研究，发挥行业自律、对外宣传的作用。协会或商会整合社会多方资源，加强行业诚信体系建设，制定行业标准，定期开展行业沙龙、研讨会等活动，为企业嫁接商机，配合产业园办公室运营公司开展招商引资，邀请国内外知名企业入驻园区。协调组织高校、科研院所、教育培训机构等开展专业人员培训，建立产业园统计分析平台，开展人力资源服务业及产业园相关研究等，共同促进人力资源服务产业园做大做强。

（四）提供保障支撑

1. 提供多元化资金保障

加大政策资金支持力度。积极从多渠道筹措资金，发挥省市区各级财政的政策合力效应。增强财政支持，发挥财政资金杠杆作用，利用现有服务业专项资金、支持战略性新兴产业发展资金和引导基金等相关资金。同时积极争取建立一定规模的人力资源服务业建设资金，支持产业园平台设施建设。

2. 充分利用互联网大数据技术

建设多层次人力资源服务信息平台。其一，建设产业园数字云平台，将园区信息发布、服务保障、业务经办、政府采购、人力资源库等内容整合到统一的产业园平台上，对接省市相关业务和信息网络，建立产业园的网上一站式平台。其二，建设人力资源信息库，统一建设人才资源库和人才需求库平台，依申请免费提供给园区企业使用，为园区企业开展线上引才提供支持。其三，建设人力资源交易服务平台，打造线上线下相结合的人力资源交流配置平台，扩大人力资源市场的服务人群，延伸服务产品，提升服务品质。

3. 提升从业人员素质

提升园区企业从业人员的专业素质，从而确保园区整体服务水平和专业能力的整体提高。积极开展各项专业培训活动，提升从业人员素质。园区企业员工取得人力资源管理师等资格证书的，给予奖励鼓励。园区每年选派行业中高级人才，脱产培训学习。对于专业人才在个人学历和职称方面有所提升的，给予相关补贴。园区加强与各地人力资源服务产业园交流，举办高水平、国际化的研讨会和创新活动。通过提升工作人员专业水平和服务主动性，不断完善服务满意度。

4. 提供园区物业配套服务

园区完善商务配套、物业服务、园区食堂、交通设施等服务。招标成熟的物业公司负责园区管理。第一，考虑到高端餐饮和差异化需求，建议引进特色餐厅、咖啡厅、食品超市等。第二，引进有人力资源服务行业经验的银行、金融、财务、法务、心理咨询、科技中介、健康服务、保险服务机构。第三，协调开设多条公交线路，为园区职工开设商务班车服务，在机场高速等通向园区的主要干道设置交通指引牌。第四，为入园企业办理免费停车位。第五，园区设立配套的人才公寓。为园区员工提供住房服务。围绕产业园区，建设人才小镇，提供人才公寓，为产业园引进和培养的人才和从业人员提供周转住房。

第四章

人力资源服务产业园运营机制

　　人力资源服务产业园的运营机制是指产业园经济系统在实现整体功能和目标的过程中表现出来的各要素之间的内在联系和相互作用关系[①]。主要包括人力资源服务产业园的开发建设、组织管理、经营模式、盈利模式、服务模式、保障机制等内容及相互作用关系。本章将对政府主导型人力资源服务产业园与民营人力资源服务产业园的运营机制进行深入探讨，比较不同类型的产业园的优势和不足。

一、政府主导型人力资源服务产业园运营机制

（一）政府主导型人力资源服务产业园开发建设

　　政府主导型人力资源服务产业园，以人社部门组织开发建设人力资源服务产业园为代表，其开发模式为：由人社部门成立专门机构——领导小组或建设办，负责产业园的开发建设，具有较大的经济管理权限和相应的行政职能。这是目前我国大多数人力资源服务产业园采用的开发模式。

　　以重庆、中国中原人力资源服务产业园为代表。重庆人力资源服务产业园位于渝北空港新城，占地约158亩，建设规模为32万平方米，分两期建设，其中一期建设规模为20.2万平方米；二期建设规模为11.8万平方米。重庆市人社局作为园区建设的项目法人，以"市场+产业"的建设思路为导向，在产业

---

　　① 向世聪：《园区经济运行机制》，《系统工程》2006年第2期。

园建设初期成立了"中国重庆人力资源服务产业园建设领导小组"。从实际运作看，领导小组办公室为园区建设的实体机构，从相关处室抽调专职人员成立产业园建设办公室，负责产业园的前期开发建设。

中原人力资源服务产业园建筑总面积22.7万平方米，打造多元化人力资源服务产业基地、综合性人力资源要素市场平台、一体化信息技术保障平台等综合服务平台。其中一期项目省人力资源社保综合服务中心面积约7.6万平方米，已于2018年正式开园。

（二）政府主导型人力资源服务产业园组织管理

政府主导型人力资源服务产业园遵循"政府主导、市场化运作"的方式，通常采取"管委会、领导小组（决策）+办公室（管理服务）+运营公司（经营）"混合型管理运营模式。

以重庆人力资源服务产业园为例，采取"管委会+办公室+公司"三位一体的管理体制（如图3）。一是成立人力资源服务产业园管理委员会。在市人社局层面组建"中国重庆人力资源服务产业园管理委员会"，主任由市人

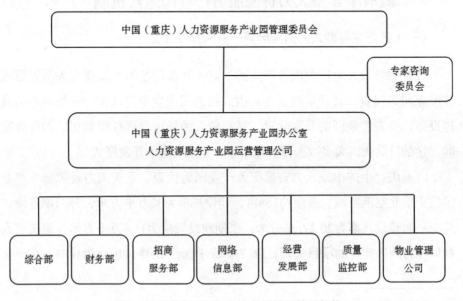

图3　重庆人力资源服务产业园组织管理架构

社局局长担任，副主任由市人社局各分管局领导和渝北区政府分管副区长担任，成员由市人社局相关处室和渝北区相关部门组成。二是管委会下设"中国重庆人力资源服务产业园管理委员会办公室"。办公室负责贯彻落实管委会决定的各项重大事项；负责承办园区重大活动、重要会议；负责开展管委会的日常工作等。三是成立重庆人力资源服务产业园运营管理公司。公司负责园区招商引企、物业管理服务、代管产业园资产、开展市场经营服务等。根据公司职能职责要求，产业园运营管理有限公司设置"六部一公司"，即综合部、财务部、招商与企业服务部、网络信息部、经营发展部和质量监控部六个部分以及物业管理公司。

人力资源服务产业园运营管理公司治理结构由人社局或国资委注资，并吸收社会资本，形成由人社局或国资委出资控股的混合所有制公司。公司的主要职责包括：园区物业管理、招商引资、开发建设、公共服务平台建设维护等基本职能。公司实行企业化经营，由人社局或国资委领导和监督调控。公司主要职能包括：

（1）物业管理职能。负责园区安保服务、保洁服务、绿化规划园艺保养服务、设备设施维护服务、车场规划管理服务、展会管理服务、商户管理服务以及物业建设规划和评估服务等。

（2）招商引资职能。围绕重庆市人力资源产业发展的布局要求，致力于做大做强园区，有序有效开展好招商工作。

（3）产业园开发建设职能。作为独立法人和经营主体，授权对园区内土地实施开发，以园区公用设施实施特许经营、管理，为园区内企业开展物业管理、项目管理、信息咨询等服务项目。

（4）公共服务平台建设维护职能。组织实施园区产业标准化、技术规范、信息化平台、公共服务等体系建设。

（三）政府主导型人力资源服务产业园经营模式

1. 运营团队组建

重庆人力资源服务产业园组建成立了产业园运营管理有限公司，具体负责产业园的"搭平台、做服务、管资产、保增值"。公司内设综合部、财务部、招商与企业服务部、网络信息部、经营发展部、质量监控部共6个部门和重庆伊顿物业管理有限责任公司1个子公司,员工结构如下:运营公司共有员工29人,其中管理层4人,公司员工平均年龄33.4岁,本科学历及以上学历员工28人,占比97%。伊顿物业公司共有员工115人,其中管理层1人,公司内设办公室、工程部、保洁部、保安部、客户服务部、会议服务部。

2. 招商引资

政府主办人力资源服务产业园的招商工作主要由当地人社部门负责组织实施,并做好申请入园企业的资质审核等工作,领导小组各成员单位合力推进招商工作有序开展。同时争取政府政策支持,整合行业、商业、企业、科研、金融、中介等各类资源,形成较强引商、聚商能力。

以重庆人力资源服务产业园为例,其招商模式采取政府强力推动和商业化运作相结合的方式,分类集聚、阶段推进。

(1)政府指定集聚。加强组织领导和统筹协调,安排四类机构先期入驻:一是局内人力社保公共服务窗口;二是重庆市人才大市场等局属国有企业;三是工商、税务、银行等部门的办事窗口;四是为公共就业、大学生创业、人才培训、人事考试、职业技能鉴定、人才继续教育等提供社会化服务的专业机构。通过上述机构率先入驻,能够较好地营造服务氛围,吸引人力资源服务企业入驻园区。

(2)政府主导集聚。充分发挥人力社保行政部门对人力资源服务业的监管职能,积极动员市内优质人力资源服务企业入驻。重点动员获得重庆市人力资源服务机构诚信示范单位的20家经营性人力资源服务机构、10家劳务派遣公司以及33家有意向性的企业入驻,优先签署入驻协议,并在享受专项扶持、税收补助、租金补贴等优惠政策中给予倾斜。

(3)市场招商集聚。遵循市场规律,坚持市场运作,运用重庆市场的发展潜力、产业园的吸引力和招商团队的谈判能力引进企业。主要针对世界500强、国内知名人力资源服务企业以及金融机构、信息技术公司等,采取定点邀请参观考察、主动上门宣传推广、开展商务谈判、设置绿色通道、一事一议优惠等方式，由招商团队专项负责、重点攻关。

3. 业务开展情况

政府主导型人力资源服务产业园在整合公共人力资源服务机构中经营性人力资源服务业务基础上，推进经营性资产及非公益性业务从公共服务体系中逐步剥离，通过组建国有控股型的公司化运作平台，具体承担市场化业务和企业经营职责。同时，坚持产业融合，致力于项目带动、政策扶持和社会参与等构成的园区产业体系建设，待园区发展进入稳定成熟阶段后，通过引入外部资本或控股、合作与合资等多种形式，鼓励和吸引各类社会资本参与园区的市场运作主体构建。

重庆人力资源服务产业园在科学界定公共人力资源服务与市场竞争业务、公益性项目和经营性项目关系的基础上，明确政府职能在人力资源市场建设、发展人力资源服务业和统一市场监管中的体制定位，重在引导和营造良好的产业集聚环境，合理界定园区决策、管理和服务等职能，既发挥政府职能的综合协调能力，又体现市场化机制的运作规律，推动园区可持续发展。为体现"政府主导+市场化"思路，重庆产业园在向入园企业提供公共服务同时，也在探索市场化思路，重点实施品牌战略和成本控制战略，将各种配套服务业态面向社会经营，初步确定了广告、资产租赁、中介代理、会展服务等业态的经营性方案。广告类经营包括：园区电梯轿厢、电视、LED屏、地下停车场、道闸等广告资源面向园区内外各单位开放经营。资产租赁类经营包括：培训教室、多功能厅等场地面向园区企业及其他单位进行出租，或出租用于举办各种大型会议、学术交流活动、论坛及商业活动等。中介代理类包括：组建专家库，积极开展专家服务评审、绩效评估等业务，以及为入园企业代售飞机、车船票、旅游联系、订餐、预订宾馆、物流、保险等业务。

（四）政府主导型人力资源服务产业园盈利模式

政府主导型人力资源服务产业园是公益性质，因此营利性并非此类人力资源服务产业园的主要目的。房屋租金类收入、增值服务类收入、政府补贴

为政府主导型人力资源服务产业园的主要收入来源。地区财政根据人力资源
服务产业园的规模定额拨付基本费用，不足之处由产业园管理公司通过日常
经营活动（房租、物业管理费、中介服务费、项目投资收益、培训费等）自
行弥补。

以重庆人力资源服务产业园为例，重庆人力资源服务产业园管理运营公
司是产业园的运营主体，除政府补贴外，其盈利模式是以房租、物业费、增
值服务等为主。

（1）房租和物业管理收入。主要包括人力资源服务企业房租收入，商铺
租金收入和物业管理收入，目前是政府主办产业园最基本的收入来源。

（2）增值服务。信息数据开发，管理公司下属信息网络管理公司可利用
现有信息数据资源进行深度数据加工，为园区内外提供增值服务，这部分收
入作为园区管理公司的补充收益。广告推介，将由园区投资建设的城市空间
广告资源、街路冠名权和经营性停车场全部纳入管理，全面加大停车场、广
告等城建资产的特许经营权市场化运作力度，其经营收入加上财政补贴、税
收优惠或返还等作为其补充收益。为园区企业提供综合型的商务服务、中介
代理服务、外包服务赚取服务费用，这也是完善产业园服务体系中产生的一
种盈利模式和收入来源。

（3）政府补贴。重庆市人社局负责基础设施投入，具体包括产业园的物
业建设资金、配套设施资金。市财政局自2015年起，连续5年每年安排3000万
元专项资金，用于产业扶持资金、人才引进资金、园区活动资金等，支持入
园企事业单位发展。

（五）政府主导型人力资源服务产业园服务模式

政府主导型人力资源服务产业园强调园区的公共服务与市场经营性服务
"并举"。从公共服务来看，整合了人社、工商、税务公共服务窗口；从市
场经营性服务来看，集聚产业、孵化企业、打造人才高地、形成完整产业链
是产业园的核心功能和主要目标。

以重庆人力资源服务产业园为例，服务体系主要包括：一是规范化的人

力资源信息提供、现场招聘、培训测评、档案托管、信息查询和集大学生就业指导、就业见习、创业实训等功能于一体的人力资源要素市场；二是多功能的社会保障公共服务体系，将建成集五险合一经办中心、社保基金结算中心、业务档案管理中心等功能于一体，统筹城乡的社会公共服务平台。为企业提供"一站式""一条龙"公共服务；三是统筹城乡的人力资源社会保障信息平台。其建筑面积7100平方米，依托金保工程，建设集全市人力资源社会保障数据信息管理、人力资源供求信息发布、业务系统运行服务、系统开发和信息查询、咨询等功能于一体的大数据中心，打造西部地区信息集散平台；四是多元化的人力资源服务产业基地。其建筑面积68000平方米，包括多元化的人力资源服务产业基地、综合性的公务员考试测评基地、家政服务品牌示范基地，将建成集产业集聚、示范、引领作用的人力资源服务产业发展基地；五是综合性的公务员考试测评基地。该基地集试题研发、测评技术创新、成果转化、基础科研、专家交流、考试评阅等功能于一体，成为专业化、规范化、科学化的国家级公务员考试测评基地；六是国家级专业技术人员继续教育基地。该基地主要承担"专业技术人才知识更新工程"确定的装备制造、信息技术等12个重点领域高层次紧缺人才的培训任务，打造配套完善、设施一流、管理先进的全国性专业技术人员继续教育示范基地；七是现代化的行政办公中心基地。

（六）政府主导型人力资源服务产业园保障机制

政府主导型人力资源服务的产业园所在省市区级政府相关部门联合出台了财政政策、产业政策、人才政策、税收政策等，为人力资源服务产业园的快速发展营造了良好的政策环境。以重庆人力资源服务产业园为例，为扶持入园企业发展壮大，产业园制定了市、区、园区三级优惠政策及服务保障措施。优惠政策分补贴类、奖励类、服务保障类及其他优惠扶持政策四大类别。

二、民营人力资源服务产业园运营机制

（一）民营人力资源服务产业园开发建设

1. 民营人力资源服务产业园产生的背景原因

（1）人力资源服务产业园突破发展瓶颈的创新模式。我国人力资源服务产业园以政府主导开发建设为主，政府主导型产业园在开发建设和后期管理运营过程中面临着一些制约。一是先期建设投入的制约，由于多数人力资源服务产业园为新建产业园，先期投入大、投资回报长，给政府财政造成了负担，这种投入建设模式不适宜经济不发达地区，发展模式不可持续。二是管理行政化制约，传统人力资源服务产业园的政府性质非常浓厚，产业园内的劳动人事、财政税收、工商行政、公共安全等，主要还是依靠政府的相关职能部门。产业园的管理由管委会或领导小组等负责，管理人员主要来自政府部门转制人员，缺乏专业化管理。三是服务精细化制约，传统人力资源服务产业园在提供普惠的人力资源服务及一站式公共政务服务方面具有明显优势，但在更加个性化、专业化、精细化的增值服务方面仍存在差距。由于政府主办的人力资源服务产业园面临的突出问题，需要探索一条新的产业园发展模式突破现有的发展瓶颈。民营人力资源服务产业园有利于实现政府职能转变，由政府主导转变为政府引导，有利于提高产业园管理服务效能，与政府主导型人力资源服务产业园形成良性竞争和有益的补充，对构建人力资源协同发展的产业体系，发挥着积极作用。

（2）政策层面对人力资源服务产业园提出更高要求。国家和地方政府部门纷纷出台了鼓励发展人力资源服务业和产业园的指导意见，明确了未来产业园发展的目标方向，并通过产业、财税、金融、人才等优惠政策措施鼓励支持产业园创新发展，鼓励民营资本进入人力资源服务产业园建设，为民营人力资源服务产业园实践探索提供了良好的政策环境和保障支撑。《关于加快发展人力资源服务业的意见》和《人力资源和社会保障事业发展"十三五"规划纲要》提出加强人力资源服务产业园的统筹规划和政策引导，培育创新发展、符合市场需求的人力资源服务产业园，形成人力资源公

共服务枢纽型基地和产业创新发展平台。《人力资源服务业发展行动计划》提出鼓励有条件的地区根据本地经济发展和产业转型需要，培育建设一批有特色、有活力、有效益的地方产业园。中共中央印发《关于深化人才发展体制机制改革的意见》提出大力发展专业性、行业性人才市场，放宽人才服务业准入限制，积极培育社会组织和人才中介服务机构承接政府转移的职能等措施。

江苏省、湖北省、北京市、吉林省等多个省市也出台了地方《关于加快人力资源服务业发展的意见》，加大了对人力资源服务产业园的政策和资金支持力度，通过租金减免、贷款贴息、政府优先购买公共服务等优惠政策吸引机构入驻，促进行业集聚发展、创新发展，在产业园建设方面，对民营资本和国有资本的优惠政策待遇相同。

（3）民营人力资源服务企业实现转型升级的内生需要。据人社部统计，2020年我国人力资源服务业营业总收入接近2万亿元，近年来连续保持了20%左右的高增长态势。目前，我国人力资源服务业已基本形成民营、国有、外资等各种所有制服务机构共同发展的格局，截至2020年底，全国共设立各类人力资源服务机构2万多家，其中民营性质的服务企业占总量的近80%，民营人力资源服务机构增长最快，已成为我国人力资源服务产业的主体。一方面，随着企业规模、经营业务范围不断扩大，周边吸引集聚了众多人力资源服务企业，自发形成了产业集聚效应，这些民营企业抓住了产业发展的有利时机建设人力资源服务产业园，既发展壮大了企业自身，又推动形成了行业集群发展的外部规模效应。另一方面，民营人力资源企业存在着规模小、竞争性弱、服务不规范等问题。为壮大民营人力资源企业规模、实现转型升级和更高水平更高层次的发展，需要寻求一个助力企业发展的政策、资源、信息、技术、人才等集聚发展的平台。民营人力资源服务产业园兼备集聚优势，为企业发展提供政策引领、规范发展、环境提升等支持。而且民营人力资源服务产业园具备投入成本小、投资见效快、管理运营机制灵活、服务精细化个性化等特征，可以充分发挥市场的有效作用。

2. 民营人力资源服务产业园基本情况

人力资源服务产业园建设在全国各地呈现蓬勃发展之势，以国家、省市人力资源服务产业规划为指导，各地积极构建多层次、多元化的人力资源服务机构集群，探索建立人力资源服务产业园，推进行业集聚发展。在政府部门投资主办的产业园蓬勃发展的同时，由企业或集团投资建设经营的民营性质人力资源服务产业园也竞相发展起来，与政府主导人力资源服务产业园呈现协同共生、相得益彰的良好局面。

民营人力资源服务产业园中既有国家级产业园，也有省级、地市级产业园，发展规模和水平不均衡。国家级民营人力资源服务产业园主要有：①中国西安人力资源服务产业园碑林园区，2015年8月7日挂牌，由西安和平人力资源服务有限公司承建并运营；②武汉方阵人才港（中国武汉人力资源服务产业园光谷分园），2018年底竣工，2019年投入运营，由湖北方阵人力资源集团（武汉方阵置业公司）投资建设。省级民营人力资源服务产业园主要有：①苏州吴中城区人力资源服务产业园，2012年12月由吴中城区管委会授权成立，苏州越吴人力资源股份有限公司投资成立产业园管理公司，2013年5月7日正式开园，这也是全国首家民营人力资源服务产业园；②江苏宿迁人力资源服务产业园，2014年5月启动，该项目由市宿迁市软件与服务外包产业园、人力资源和社会保障局、苏州吴中城区人力资源产业园三方投入建设，是江苏省民营人力资源服务产业园。

我国主要民营人力资源服务产业园的基本情况（见表6）。①从建设规模来看，吴中、宿迁人力资源服务产业园一期建筑面积分别为1万平方米、3万平方米，二期规划面积均为5万平方米，正在规划建设的方阵人才港和西安碑林产业园建筑面积为6.3万平方米和5万平方米，与现有政府主导型人力资源服务产业园规模相近。②从功能定位来看，民营人力资源服务产业园为配合当地经济发展人才需要、推动当地人才战略实施，将人力资源服务产业园打造为集聚人力资源服务产业、培育市场孵化企业、拓展服务业态和服务功能的示范园区，既包含人力资源企业集聚载体、人力资源公共服务及配套服务载体，也包含如培训中心、人才孵化及创客基地、虚拟数字化服务平台等功能平台等，为当地打造有特色、有影响力的人力资源服务产业集聚区。

表6　主要民营人力资源服务产业园基本情况

	启动时间	建设规模	功能定位	备注
吴中城区产业园	2012.12	一期建筑面积1万平方米，二期规划建筑面积5万平方米	公共服务与人力资源服务集聚"两大"载体，人才孵化创业基地等"八大"平台	省级产业园
宿迁产业园	2014.5	一期总建筑面积3万平方米，二期规划建筑面积5万平方米	苏北领先、省内有特色、淮海经济区有影响力的人力资源产业集聚区	省级产业园
西安碑林产业园	2015.8	总建筑面积5万平方米	整合资源、集聚产业、拓展服务、孵化企业、培育市场等功能	国家级产业园
方阵人才港	2016.6	总建筑面积6.3万平方米	培育企业的"服务器"、集聚产业的"加速器"、引领行业的"导航器"	国家级产业园

资料来源：根据苏州吴中、江苏宿迁、西安碑林、武汉方阵人力资源服务产业园管理部门提供数据整理。

3. 民营人力资源服务产业园开发建设

以民营企业作为人力资源服务产业园的投资者和开发者，企业担负土地开发、项目招标、建设管理、企业管理、行业管理和规划管理等职能。民营企业作为土地开发、基础设施建设等基金的投入者及园区经营管理者。企业主导型开发模式对作为园区开发主体的公司资金和运营能力要求较高，但可以充分发挥企业在开发建设和运营方面的优势。

武汉人才港（人力资源服务产业园）全部由民企投资创建，打造全国人力资源服务业行业标杆，在人力资源服务产业园发展进程中开创了新阶段[1]。方阵人力资源集团和方阵置业有限公司全资投资的武汉人才港，位于武汉市东湖新技术开发区高新大道与光谷七路交会处，规划用地面积45.76亩，建筑面积6.3万平方米。武汉人才港成立了"中国中部人力资源服务产业园投资管理有限公司"，其主要职能是承担产业园项目投资和项目建设推进工作，负

---

[1]　资料来源：武汉方阵人力资源集团提供。

责开园后的日常经营、管理和服务。武汉人才港于2016年7月投入建设，2018年8月竣工，2019年3月开园。

（二）民营人力资源服务产业园组织管理

民营人力资源服务管理运营公司由职能部门或子公司构成，职能部门以产业发展、市场开发、园区服务为主要职责，并按专业化原则协调和统筹各子公司的相关业务；子公司则侧重于具体业务的经营与管理。

如中国西安人力资源服务产业园成立了西安菁英商业运营管理有限公司，负责园区的日常运行工作。主要职责为：①全面负责园区的管理工作，制定园区管理制度；②负责园区的对外宣传、协调和联系；③负责园区企业和创业团队的指导服务与管理工作；④负责受理企业和创业团队的申请以及组织专家对项目的评审；⑤协调联系社会机构各类专家、学者、创业人士等为企业和大学生创新创业的发展提供指导与服务；⑥负责审批入驻企业和创业团队；⑦负责各中小微企业和创业团队的场地转接等工作。

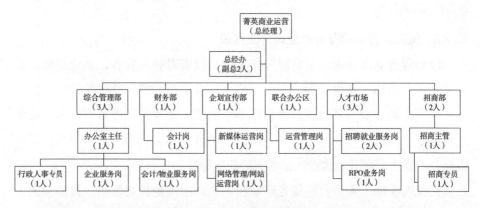

图4 中国西安人力资源服务产业园管理公司组织管理架构

苏州吴中城区人力资源服务产业园遵循"市场主导，需求引领，依法管理，规范发展"的原则，采取"政府监督管理，民间资本运营"的市场化运作方式，由政府授牌，民营企业投资，成立吴中城区人力资源服务产业园管理公司负责园区运营。吴中城区人力资源产业园管理有限公司注册资金1000万元。吴中城区产业园组织管理体系架构如图5。总经理办公室是产业园的决策机构，办公室下设招商中心、管理中心、运营中心、财务中心四个中心，和一个党支部工会；中心下设招商部、企划部、行政部、物业部、市场部、运营部、财务部七个事业部。

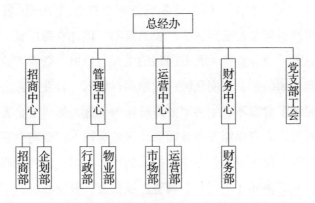

图5　吴中人力资源服务产业园组织管理架构

（三）民营人力资源服务产业园经营模式

人力资源服务产业园的经营模式主要包括运营团队组建、招商引资、业务开展等内容。

1. 运营团队组建

管理运营公司应尽快组建专业化运营团队，全面开展园区运营管理工作,提升园区运营管理水平。西安人力资源服务产业园通过公开招聘，建立了一支具有本科以上学历和有一定运营、人力资源、法律法规及财务管理经验的专业队伍，具体负责园区运营管理。根据工作需要，设立了综合管理中心、人力资源中心、宣传推广中心、招商运营中心和培训教育中心等。成立了由多名专家顾问组成的发展战略决策小组，建立了一套"民主讨论、集思广益、凝聚智慧、专家审查"的工作决策体系。目前管理团队由15名工作人员，分别管理政策对接、项目运作、创业辅导、业务衔接等工作。

武汉方阵人才港除产业园管理公司运营团队外，还聚集了由180多名来自全国各地优秀人才组成的服务团队，其中：拥有职业指导师、高级人力资源管理师近30人，外聘专家60多人，为产业园提供专业化的服务。

2. 招商引资

人力资源服务产业园建设的主要目标是通过吸引人力资源企业及配套机构在空间上形成集聚效应，推动人力资源服务业快速发展，从而带动当地人才集聚、劳动力素质提升、创造更多就业创业机会、实现区域经济协调发展。产业园招商引资是促进园区生产要素流动、优化资源配置、实现园区可持续发展的有效手段，直接关系着园区的生存与发展。随着产业链的不断延伸与拓展，产业园的招商范围从园区前期项目策划、各业态人力资源服务企业引进，到园区配套服务、生活服务等机构的引进，形成了全方位立体化的招商模式。西安人力资源服务产业园强化服务意识，在招商引资上下功夫。将各类人力资源及相关服务企业作为招商的主体，对其他社会职能窗口入驻也不拘一格，形式多元化。同时，调整房屋租金，鼓励和吸引了诸多单位入驻产业园，截至2020年累计入驻园区的各类企业包括建筑科大、西北大学研究生入驻众创空间等共计75家。

3. 业务开展

西安人力资源服务产业园结合民营企业特点，确定了"政府引导、市场化运作"的模式，以满足经济社会发展产生的人力资源服务需求为出发点和落脚点，以提高人力资源供给能力和促进人力资源服务业规范发展为主要任务，完善了园区总体规划，明确了"孵化、培育、整合中小微人力资源企业和创业者，以创业促就业，提供全方位服务的科技型、智慧型综合园区"的功能定位，明晰了以"产业引导、政策扶持和环境营造"的工作重点和充分发挥园区整合资源、集聚产业、拓展服务、孵化企业、培育市场等功能定位，积极开展工作。①突出"双创"服务重点，在促进就业上下功夫。把大学生就业创业和社会人员再就业创业列为产业园日常工作，投入大量资金和人力，建立了"西安世贸人才市场"，满足了周边各类企事业单位和就业人群招聘求职需求，使产业园成为一个重要的对外服务窗口。②树立品牌战略意识，在宣传上下功夫。园区狠抓了自媒体推广信息工作，形成了以官方网站为主，开展了"互联网+人力资源"的线上行业交流咨询平台，收到较好效果，已上线客户有1万多人。③拓展服务功能，加强对外合作。园区工作以发展壮大产业园联盟为主线，不断拓宽服务链条。先后与国内外人力资源服务企业和其他社会组织签订战略合作协议70余份。

武汉方阵人才港实现从招商引资、专业服务、商务配套、物业管理到产品研发等全流程业务。武汉方阵人力资源集团既是产业园管理者，也作为人力资源企业主体，走差异化经营道路，做其他入驻企业不愿做、不敢做、不能做的业务。打造培育企业的"孵化器"、集聚产业的"加速器"和引领行业的"导航器"。①"孵化器"的服务模式侧重于以公共服务为主，创业培训和辅导、机会发掘和合作对接服务。政府的直接资助与间接协助并重，方阵集团更多是扮演一种重要的创新参与者和投资者角色。②"加速器"和"导航器"的服务模式侧重于政策引导下的市场化服务，主要功能是做好定制化战略指导、潜力挖掘、渠道拓展和网络建设工作。政府以间接协助为主，直接支持为辅，方阵集团更多是扮演一种重要的中介服务者和创新社会价值收获者角色。武汉方阵人才港"孵化器""加速器""导航器"共存，且在资金需求量较大、建设周期较长、对区域经济影响较深的情况下，采用政府政策支持与该项目主办企业自主投资及经营管理相结合的运作模式是最佳的运作模式，有利于切实发挥好政府和企业两方面的作用。

（四）民营人力资源服务产业园盈利模式

以武汉人才港（人力资源服务产业园）盈利模式为例，其运营收入主要包括以下方面：

（1）房租物业收入。为园区入驻企业提供办公或经营场所，提供良好的办公环境和优质的物业服务，也是最基本的服务模式和盈利模式。

（2）增值业务收入。从事互联网人力资源信息服务；组织各类招聘洽谈会；人才职业培训和测评；人事代理（人才劳务派遣）服务；人力资源管理咨询服务；呼叫中心业务；代办业务；人力资源软件业务等市场化增值服务，这是民营人力资源产业园现有的主要盈利模式。

（3）产业项目投资收益。产业园建立或控股专业性的投资机构，开展项目投资，或通过资金、人才、智力、管理入股，参股、控股创业企业，在企业毕业后，通过资本运作，出售所占有的股权实现资产增值。在满足在孵化企业对资金的需求的同时，获取投资收益。这是产业园长期、稳定的收益。

（4）运营补贴。方阵人力资源集团和湖北人力资源中心是两块牌子、一套班子，人力资源中心是湖北省人社厅下属三类自收自支事业单位。由于中心承担着档案服务等公共职能，财政每年向中心拨付工作经费，根据档案存放管理数量计算，现在每年补贴300万元。武汉人力资源服务产业园成立后还有营运补贴。

（5）资产增值收益。产业园是方阵集团独自出资建设，投资额3.5亿元。现物业资产增值，每年增值率30%，预计6～8年收回投资。

（五）民营人力资源服务产业园服务模式

1. 苏州吴中人力资源服务产业园打造"7S产品服务体系"

以苏州吴中人力资源服务产业园为例，产业园贯彻"为企业服务，为人才服务"的经营原则，打造多位一体的"7S产品服务体系"，形成多元化综合服务平台，为入驻企业提供顾问式、家庭式、全方位的增值服务，助推企业发展，为入驻企业提供服务。7S产品服务包括人力资源服务、公共技术服务、培训服务、管理咨询、项目申报服务、人才产业孵化服务、项目孵化服务等（如图6）。

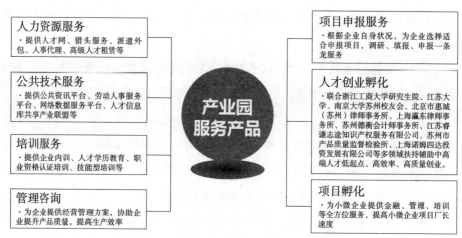

图6　吴中人力资源服务产业园"7S产品服务体系"

（1）人力资源服务包括人才网、猎头服务、派遣外包、人事代理、高级人才租赁等。

（2）公共技术服务包括公共资讯平台、劳动人事服务平台、网络数据服务平台、人才信息库共享、产业联盟等。

（3）培训服务包括企业内训、人才学历教育、职业资格认证培训、技能型培训等。

（4）管理咨询包括为企业提供经营管理方案，协助企业提升产品质量，提高生产效率。

（5）项目申报服务包括根据企业自身状况，为企业选择适合的申报项目，调研、填报、申报一条龙服务。

（6）人才创业孵化服务包括与科研院校、投资公司等机构合作多领域扶持辅助中高端人才低起点、高效率、高质量创业。

（7）项目孵化包括为小微企业提供金融、管理、培训等全方位服务，提高小微企业项目成长速度。

除"7S产品服务体系"外，产业园管理公司还积极对接政府相关职能部门，如吴中人力资源和社会保障局及人才市场，还有相关其他配套：公安局、市场监督管理局、国地税局、经信经发局、城管等入驻产业园为入驻企业提供公共服务。

产业园还设立了吴中城区人力资源产业园党支部、建立了工会组织。配套设立了吴中城区（长桥）成人教育中心、苏州工业园区职业技术学院教学基地、江苏大学实习就业基地、南京大学学生创业就业指导中心苏州工作站、浙江工商大学研究生工作站、苏州市顺通职业培训学校教学基地、苏州加达教育等。

产业园还引进了会计师事务所、知识产权代理、律师事务所、投融资机构等配套企业为入驻企业提供配套服务。与意大利意中交流协会、欧美精英创业家协会、RTC人才发展商学院、联桥集团、培训杂志等科研院校、协会、机构建立了合作机制，与产业园入驻机构不定期开展多种形式的交流对接活动，为企业服务、为人才服务。还有配套票务、快餐、24小时便利店、商务中心等生活保障服务。

2. 武汉人才港（人力资源服务产业园）积极探索创新服务模式

武汉人才港在吸收国内外先进园区管理经验的基础上，积极探索新的服务模式和服务方式，力求为入驻企业营造出宽松开放的创业、成长环境和氛围。服务项目主要包括：

（1）帮助创业企业争取政府科技项目资金、构建投融资服务网络；定期举办加速成长投资论坛，促进入驻企业与风险投资和私募股权基金对接；与证券交易所、产权交易中心建立合作伙伴关系，建立集聚区企业挂牌市场快速通道，引导和鼓励相关服务机构对入驻企业进行上市辅导；与银行和担保公司密切合作，为集聚区企业开辟担保和贷款快速审批的绿色通道。

（2）协助企业落实各级政府给予的各种优惠扶持政策。

（3）组织和联合外部资源与机构，共同构建广泛的服务网络；积极与金融服务机构、技术服务机构、市场服务机构、管理咨询机构等相关服务机构建立长期的战略合作伙伴关系；广泛与国内外的行业协会、国际相关政府机构及政策服务机构、国际企业俱乐部、领先企业联盟等战略平台性机构合作，扩大集聚区的服务网络空间。

（4）为企业提供战略指导性支持。建立动态的专家资源库，特别是要积极吸引国内外市场专家、市场实践者和成功管理者入库。根据每个项目的特征，遴选相关的技术专家、市场专家、管理专家、战略专家对入驻企业进行战略诊断，并通过对外部市场机会的观察和对企业的深入调查，帮助企业制定有效的成长战略。培育一支专业化的成长导师队伍，吸引成功企业家深入入驻企业运作层面进行一对一的跟踪观察和执行指导，适时调整企业发展的战略方向。

（5）针对企业发展过程中遇到的共性化困难和问题，组织开展一系列行之有效的辅导培训，同时为企业提供资源型支持。在对企业成长诊断和成长战略执行监测的基础上，识别企业所需要的关键性战略资源，通过资助引导、积极引入与合作对接等方式，帮助企业解决关键性资源要素的瓶颈问题。

（6）开通集聚区企业交流群、论坛和信息管理系统。通过这些交流平台的运行，使企业之间能够适时、快捷、便利地沟通联系；定期举办集聚区企业交流大会，为各企业相互交流发展过程中的新经验、新技术搭建平台；开办"创业沙龙"，邀请相关领导和专家现场交流指导。

（六）民营人力资源服务产业园保障机制

1. 西安人力资源服务产业园提供多方面支持

为了进一步落实发展保障措施，推进西安市人力资源服务行业持续发展，西安人力资源服务产业园对入驻企业及团队提供可享受国家、省市、区相关创业及投资促进等各项优惠政策承诺。从实施西安市人才新政、优化项目审批程序、加强财政支持、加大产业园投融资支持力度到落实国家、省市、区有关鼓励人才创新创业政策、加大市场信息服务和人才市场推介力度等多方面提供支持。①优化项目审批程序，完善重大项目审批"绿色通道"；②加强财政资金支持，统筹地方各类财政支持与扶持资金，加大力度支持园区入驻企业及创业团队的发展；③加大园区投融资力度，发展多样化投融资通道，促进金融机构与园区企业的项目对接；④落实政府相关人才政策，经人社部门核准备案，使高层次人才享受有关政策待遇。西安产业园先后出台了15项具体的优惠政策。主要分为两方面：一是凡入驻园区企业或团队免缴物业费、水费；免费提供人才招聘服务；免费使用工位、培训教室；免费代办各类证书，注册税务登记、变更等。二是凡入驻园区企业或团队经审核通过后，可享受国家专项资金支持和补贴；享受产业园提供的丰富市场资源，如商会、协会等；享受信息平台宣传服务；享受法律税务等咨询服务；享受产业园举办的各类培训、讲座、论坛活动；享受绿色通道服务；享受创业资金补贴、小额贷款等方面服务；享受碑林区"龙腾计划"的相关政策；享受会计记账服务；享受期刊订阅和内部停车位租赁等服务，园区将优惠政策向所有公众群体开放，为企业与团队提供了相对较低的成本和成长环境。

2. 苏州吴中城区人力资源服务产业园提供税收奖励、房租减免等扶持政策

苏州吴中城区人力资源服务产业园出台了人才扶持、地方贡献奖励、房租优惠、安置等一系列优惠政策，优化投资环境，扶植园区内人力资源服务行业健康快速地发展。以税收政策为例，①扶持对象：注册在产业园内，经吴中城区审核认定的入驻产业园的人力资源及为企业服务的现代服务业企业，如人力资源服务、信息、物流、会计、法律服务等现代服务业企业。②扶持条件：入驻产业园的人力资源机构与商端服务业企业为全国性、区域性、优秀成长型或成熟型企业。③扶持方式：对于符合产业园专项扶持基金发放条件的各类企业，将由产业园对其审核，审核通过后产业园统一向上级有关部门申报，通过后由镇财政拨款给予资金扶持。为使扶持基金发放便于操作量化，对企业发展规模、市场前景、管理水平、资源占用情况、税收贡献度等情况进行考核。通过税收奖励、房租减免、补贴等多种形式，利用"实体+虚拟"的模式，以及利用"平台+项目+资源链接"创新方法，吸引企业机构入驻，真正打造一条从招聘—培训—派遣外包—咨询全人力资源产业链，同时又打造形成了一条"人力资源+科技项目服务+金融+旅游+企业管理"综合服务产业链[1]。

三、人力资源服务产业园运营机制比较

（一）产业园开发建设比较

政府主导型人力资源服务产业园开发建设的优势表现在：①政府主导型开发模式便于协调各方资源，具备集中统一、规划性强、办事效率高的特点，在开发初期管理者的能动作用较大；②由政府成立的产业园管委会、领导小组或国有企业、国有控股企业作为园区的开发主体，负责筹措资金、办理规划、项目核准、征地拆迁及大市政建设等手续并组织实施，承担园区

---

① 资料来源：吴中城区人力资源服务产业园. http://www.szwzcqhr.com/a/guanyuwomen/.

开发建设所需费用和风险，并享有土地开发的所有收益；③政府主导型人力资源服务产业园拥有相对较多的资源优势及强大的财政依托，可集中进行土地开发建设，并凭借政府的信誉筹集开发资金。不足之处表现在：①政府与市场信息的不对称，易降低对土地的开发效率；②政府主导园区开发建设，易产生寻租等行为；③产业园的政府性质非常浓厚，对长远可持续发展缺乏动力。

　　民营人力资源服务产业园开发建设优势表现在：①有效解决投入资金不足的问题。民营人力资源服务产业园开发模式可以充分发挥企业运作优势，运用市场经济手段，有利于投融资的多元化，金融资本与土地资源有效结合，从而有效解决产业园开发建设中资金不足的问题。②充分发挥市场机制在园区开发建设中的作用。民营人力资源服务产业园充分发挥市场机制，具备高效、快速、灵活的市场运作优势，可改善开发建设的管理体制，有利于提高园区开发效率。③有利于园区开发管理的专业化，有利于政企分开。产业园开发建设的筹措资金、办理规划、项目核准、建设施工等均由开发企业主导完成，有利于提高项目的质量和效益，同时有助于提高政府的宏观调控和市场监管的能力。不足之处表现在：①民营人力资源服务产业园开发模式对企业资金和运营能力要求较高，运营风险较大，因此民营产业园的建设规模相对政府主导型建设规模和体量较小。②企业以追求利润最大化为目的，在追求经济效益的同时，往往容易忽视产业园社会效益。

表7　人力资源服务产业园开发建设比较

	开发建设优势	开发建设劣势
政府主导型	1.政府主导型开发模式便于协调各方资源，具备集中统一、规划性强、办事效率高的特点，在开发初期管理者的能动作用较大； 2.园区可以利用国有控股集团的财力和资源集中进行土地开发建设，并凭借政府的信誉筹集开发资金	1.政府与市场信息的不对称，易降低对土地的开发效率； 2.政府主导园区开发建设，易产生寻租等行为

	开发建设优势	开发建设劣势
企业主导型（民营企业主导型）	1.企业主导型开发模式可以解决政府开发园区资金不足的问题，并降低政府开发土地的风险； 2.园区开发充分发挥市场机制，可改善开发建设的管理体制，有利于提高园区开发效率； 3.有利于园区开发管理的专业化，有利于政企分开	1.园区开发建设以企业为主导对企业的资金实力要求高，其运营风险较大； 2.企业以追求利润最大化为目的，易忽视产业园社会效益
政企合作型	1.政企合作有利于吸引多元投资主体，可缓解政府的财政压力，便于实施综合性、大规模成片开发； 2.政企合作型开发模式权责明确，且包含多方利益主体，易于园区开发建设的推进	1.政府和企业在投资、经营决策以及收益分配等方面不完全一致容易产生管理分歧，导致开发建设进程受阻； 2.容易产生国有资产流失等问题

（二）产业园组织管理比较

政府主导型人力资源服务产业园组织管理优点体现在：①容易形成政府和市场合力，决策运行效率较高。决策主体定位于省级层面的统筹协调，有利于进行跨委、办、局等市级层面的宏观协调，决策效率相对较高。管委会管理层级高配，可充分发挥园区管委会和办公室的管理职能，有利于发挥政府推动职能。办公室行使园区的日常管理职能，有助于政府对园区的规范引导，落实实施相关政策，有利于园区的初期建设发展。②管理组织运作简单，可尽快推行园区工作开展。管委会和办公室的管理人员可以尽快落实，而且原有公务员事业单位人员身份和编制不变，有利于短期内尽快搭建领导班子。③管理运营公司职能明确，主要负责物业、招商、开发建设、公共服务职能，有利于推动园区运行工作的尽快开展，发挥市场主体作用。待园区进入稳定成熟阶段后，可以逐步扩大公司职能，发挥园区市场主体更大作用。不足之处表现在：①政府行政干预较强，在产业园运营发展过程中难以充分发挥市场机制；②容易产生产业园责权利划分不明确的问题，会影响各方主体职能的有效发挥；③专业管理人才缺乏。

民营人力资源服务产业园组织管理优势体现在：①专业化公司直接运营可以发挥市场优势，管理运营机制更加灵活，应对政策变化、市场变化更容易做出调整；②民营产业园管理运营公司权责明确、运转流畅、反应快速的运行机制；③更加贴近市场，为产业园各方主体提供更加精细化、专业化的服务。不足之处表现在：①民营产业园难以充分调动各方资源，落实相关政策，不利于产业园的招商引企和持续发展；②民营产业园管理运营公司由于不具备行政权力，但要履行一定的行政职能，会影响产业园管理效力的发挥；③管理运营公司在追求经济效益的同时，会忽视园区社会公共事务的处理。

（三）产业园经营模式比较

政府主导型人力资源服务产业园经营模式优势体现在：①政府主导型招商整合行业、商业、企业、科研、金融、中介等各类资源合力推进招商工作，同时争取政府政策支持，可形成较强引商、聚商能力，对企业吸引力大。②有效整合公共人力资源服务和经营性人力资源服务业务，既发挥政府职能的综合协调能力，又体现市场化机制的运作规律。不足之处表现在：①产业园管理公司人员多为原机关或事业单位转制人员，经营管理经验不足，只负责日常综合事务，更加专业化管理服务能力还需要借力外部资源。②政府主导型招商成本较高，竞相出台优惠政策，会导致产业园之间的恶性竞争，阻碍市场公平性。

民营人力资源服务产业园经营模式优势体现在：①有效整合社会资源，打造专业化运营服务团队。如武汉人力资源服务产业园聚集了由180多名来自全国各地优秀人才组成的服务团队，其中：拥有职业指导师、高级人力资源管理师近30人，外聘专家60多人，为产业园提供专业化的服务。②市场化招商，引进企业多元化。民营产业园成立专业化的招商团队，专业化程度更高，容易实现与企业的精准对接。③采取"政府引导、市场化运作"的经营模式，经营机制灵活，以市场需求为出发点，提供全方位多元化的人力资源服务。不足之处表现在：①与政府主导型产业园招商相比，民营产业园招商宣传力度不大，而且由于缺少相关政策优惠支持，对人力资源服务企业吸引力不强。②产业园管理运营公司既为园区管理者，也为人力资源服务企业，这与入驻企业形成了竞争关系，应寻求差异化经营发展道路。③产业园管理运营公司以收益最大化为主要目标，往往会忽视产业园的社会效益和产业园的长远发展。

（四）产业园盈利模式比较

政府主导人力资源服务产业园盈利模式特点：①以公益性为主。政府主办的人力资源服务产业园是公益性质，以推进人力资源服务业发展为目标，为入驻企业提供一个低成本的发展环境，仅收取少量的硬件设施使用费，多数产业园还有免收或减收政策等，因此营利性非此类创业园的主要目的。②房租租金类收入、服务类收入、政府补贴为政府主导型人力资源服务产业园主要收入来源。

民营人力资源服务产业园盈利模式特点：①以营利性为主。企业主办的产业园以营利性为主要目的，虽然有些产业园短期内放弃利润最大化目标，但长期来看，将产业园作为实现企业创新战略和投资战略结合的重要载体，以追求长期和间接的回报。②盈利模式多元化。主要盈利模式包括房租物业收入、增值业务收入、产业投资收益、运营补贴、资产增值收益等。其中增值业务收入、创业投资收益是未来产业园的主要盈利模式。

（五）产业园服务模式比较

政府主导型人力资源服务产业园服务特点：①提供全方位一站式公共服务。集成了人社、公安、工商、税务等行政部门对外公共服务职能，组建业务代办服务中心或窗口，免费为入驻企业和求职者办理注册登记、证照审批、税务办理、社会保险、劳动维权、就业创业、档案托管、户口挂靠等一站式服务。②重大项目落地在产业园，服务平台高起点建设。政府主导型产业园具有政策资源优势，多项国家级、省市级重点项目落地在产业园。如重庆的五险合一经办中心、社保基金结算中心、公务员考试测评基地、家政服务品牌示范基地等重大项目均落户于产业园，产业园成为人力资源社会保障公共服务枢纽基地。

民营人力资源服务产业园服务特点：①为入驻企业提供更专业化精细化的服务。针对入驻企业的需求，提供顾问式、全方位、量身定制的服务，助推企业发展。②帮助企业积极对接政府相关职能部门，如人社、工商、税务、公安等服务职能入驻产业园提供公共服务，并协助企业落实各级政府给予的各种优惠扶持政策。③组织和联合外部资源与机构，积极与金融服务机构、技术服务机构、市场服务机构、管理咨询机构等相关服务机构建立长期的战略合作伙伴关系，共同构建广泛的服务网络。

（六）产业园保障机制比较

政府主导型人力资源服务产业园保障机制特点：①政府主导型产业园享有国家地方优惠政策，具有政策资源集聚优势。②政策普惠性更广，政策优惠不仅面向知名企业，也面向具有成长性的中小人力资源企业。③因地制宜制定创新产业园发展政策，出台了产业园管理办法、降低入驻企业注册门槛限制、特设创新扶持奖励政策等，成为人力资源服务业政策先行先试示范园。

民营人力资源服务产业园保障机制特点：①积极对接落实省市区人才、财政、金融、产业政策，优化产业园投资环境。②园区为企业与团队提供创业培训、投融资对接、团队融合、政策申请、工商注册、法律财务、媒体咨询等全方位、开放式的服务生态系统。

四、政府主导型人力资源服务产业园问题及对策建议

政府主导型人力资源服务产业园运行效果在第二章中已阐明，此处不再赘述。以下分析政府主导型产业园的现存问题与不足及政策建议。

（一）政府主导型人力资源服务产业园运营模式现存问题与不足

1. 投资建设主体单一，发展模式存在同质化现象

当前政府主导型人力资源服务产业园建设主要由人社部门单一部门来完成，产业园的建设、投资、管理主体单一，多元主体没有完全到位，投资建设主体单一，产业园长远发展面临资金缺口。而大多数已建或筹建产业园的地区，尚未建立人力资源服务业发展专项资金或产业引导资金，特别是对公共服务平台、标准制定、政策研发等公益性服务缺少专项资金扶持，在鼓励人力资源服务领域投资力度方面还没有具体措施。同时，银行信贷等金融支持力度还比较小，产业园在信贷产品、信用担保、利率支持等方面都缺乏必要的支持。另外，各类民间资本或社会资本对产业园建设的关注度及投入支持不够，绝大多数地区的产业园建设还没有形成多元化的投入机制。

2. 行业基础相对薄弱，发展模式存在同质化现象

总体上来看，我国人力资源服务行业存在整体实力不强、产业规模偏小、专业化程度不高等问题，行业服务能力有待进一步提升。行业的社会认知度低，对人力资源服务行业仅停留在传统的职业介绍、派遣等初级产品，人力资源服务外部需求难以有效释放。因此，从行业供求两方面来看，我国人力资源服务行业基础相对薄弱，有待进一步发展。

产业园的功能定位和发展目标缺乏统一规划，发展模式同质化现象突出，如园区功能全都包括产业集聚、孵化企业、培育市场的功能，没有充分结合当地核心竞争优势；园区布局普遍是公共服务与人力资源集聚相结合，将所有的人力资源服务相关职能都迁入园区，造成服务资源分布不均；部分园区人力资源服务业态产品功能单一、产品同质化严重、产品结构不合理、信息化建设滞后等问题，难以满足企业和大众的多元化多层次人力资源服务需求。

3. 管理模式有待探索，缺乏专业运营团队

目前政府主导型人力资源服务产业园的管理运行模式还在探索之中，缺乏管理运营经验是产业园建设初期较为普遍而突出的问题。许多产业园的管理机构和运营机构通常为"两块牌子、一套班子"，许多管理人员来自政府机关或事业单位转制人员，普遍缺乏经营管理能力。相对民营产业园，部分政府主导型产业园尚未建立起现代化的市场运行机制，管理运行模式相对"封闭化"、行政干预过多，缺乏专业化管理运营团队，容易形成重管理、轻服务、服务项目少、服务层级低的局面，影响了产业园的运营效率和服务水平。

4. 经营运作模式局限，未形成多元化的盈利渠道

产业园的运营收入主要来源为房租物业等租金类收入、服务项目收入等初级收入以及政府投入的运营补贴，缺乏产业园创造更多经济社会收益的市场化增值化服务，难以实现盈利和自我滚动发展。另外，产业园前期建设投入大，运营成本高，短期难以收回成本。尽管产业园不完全以营利为目标，但持续依靠政府补贴，再加上一些地方政府财力有限、支持力度不足、融资渠道过窄，各类社会资本对产业园建设投入不足，使得产业园建设发展面临资金瓶颈。

5. 服务体系有待完善，服务精细化水平不高

政府主导人力资源服务产业园建设偏重硬环境，忽视软环境建设，服务功能和服务体系尚未健全，配套服务能力较弱。与民营产业园相比，在更加个性化、专业化、精细化的增值化服务方面仍存在差距。对企业的发展壮大更有效果的投融资服务、项目对接服务、市场拓展服务、"互联网+服务"等增值型服务占比过低，服务质量不高，还远不能满足企业的实际需求。

（二）完善政府主导型人力资源服务产业园运营的启示建议

政府主导型人力资源服务产业园建设发展应研究既符合经济社会转型升级和创新驱动战略的趋势和要求，又围绕人社部门职能范围整合资源，突出人社部门特色；既体现政府推动力量，又充分发挥市场决定性作用，将政府职能与市场作用有机结合，增强运作活力；既借鉴国内外园区管理先进理念和模式，又突出我国不同地区的实际情况。

1. 协同社会多方力量，做好园区建设工作

人力资源服务产业园对推动地方经济发展、促进就业创业和优化人才配置具有重要作用，具有社会公益性机构属性。

因此，人力资源服务产业园建设应该依托产业发展需要，由政府主导，充分发挥行业协会、商会等社会组织的协同作用，调动社会力量参与园区建设。依托现有工业园区、经济技术开发区、大学科技园、创业孵化基地、城市配套商业设施等建设产业园。同时，各级人社部门要做好产业园的认定管理工作，根据认定标准授予省级、市级、县级产业园牌子；符合条件的，帮助其向上申报省级或国家级人力资源服务产业园。

2. 建设初期发挥主导作用，政府整合资源搭建平台

政府部门在园区建设初期发挥主导作用，为产业园创造良好的营商环境，整合政策、资金、公共服务资源。政府主导产业园建设要坚持"政府引导、社会联办"的原则。在组织管理模式方面，可实行"管委会（领导小组、联席会议）+办公室"的模式。管委会是产业园的领导决策机构，为产业园重大决策提供依据。办公室为产业园日常管理机构，负责组织实施管委会制定的各项措施，确保重点项目尽快落实。该组织管理模式有利于协调各部门包括工商、税务、金融、科技、人才等政策资源，形成政府和市场合力，决策运行效率较高。办公室作为产业园建设管理主体和日常管理机构，不仅有利于园区的统一规划、基础设施建设、公共服务平台体系一管理等，而且有助于提升产业园整体招商能力和服务能级，管理组织运作简单，可尽快推进产业园各项工作的开展。

3. 引进专业运营团队，进行市场化运作

产业园应积极推行市场化的运作模式，实行所有权与经营权分离，按照现代化企业制度要求，采用事业或企业型的运营模式，引进专业化产业园运营团队，为产业园提供全方位服务，提高综合能力。在产业定位、园区升级改造、招商引资、运营策划、资本运作、物业管理和客户服务等方面，全方位发挥专业能力，通过专业化分工与合作，实现各自经济与社会效益的最大化。鼓励建立多层次的专业服务机构。重点培育一批创业孵化服务、科技信

息咨询、技术经纪服务、金融服务、风险投资服务等中介服务机构组织，为产业园提供专业化特色服务。

4. 拓展多种经营模式，开发高级盈利模式

为确保人力资源服务产业园可持续发展，需要从传统的公益性社会组织逐步转变为兼顾公益性和盈利性的经济组织。因此，应拓展经营服务理念，逐步与市场相结合，采取多元化的经营模式，除房租收入、物业管理收入外，还需要加大咨询服务类收入、投资收益、股权收益等高附加值的管理咨询和资本服务。如开展风险投资，寻求投资收益。可通过资金入股或管理入股，参股或控股创业企业，享有企业的股份分红，实现价值增值收益。入驻企业也保障了自己的利益，将其运营成本降至最低限度，从而最大限度地提高其对风险投资者的吸引力。

5. 完善公共服务功能，开展一站式综合服务

整合人社、工商、税务、法律、知识产权等服务资源，支持和鼓励各地在产业园搭建公共服务平台、开辟"绿色通道"、开展"一站式"服务等方式，开展就业创业指导、社保代理、行政审批等综合服务，及时发布各项扶持政策、办事流程、就业信息、服务资源等公共信息。主动协调各有关部门和相关公共服务机构，充分发挥各自职能作用，积极为入驻企业提供专业化服务。将产业园打造成信息发布与展示平台、政策整合落地平台、人力资源服务平台和商事服务代理平台。

6. 整合社会多方资源，提供专业化精细化服务

整合社会资源提供专业特色服务。引进专业化的第三方服务机构，为入驻企业提供人力资源、管理顾问、法律咨询、财务咨询、项目策划、技术转让、产权交易等专业特色服务和增值服务，帮助企业快速成长的同时，获得经营性收益，支持产业园的良性运转。采取多元化的投融资方式，引入社会化资本，与银行、证券、保险等金融业合作，不断扩大资金规模，进一步扩大融资渠道。引入风险投资，风险投资公司、基金公司等为成长性的企业提供资金支持。充分利用创业担保贷款，创业引导基金以及其他政策性扶持引导资金，并吸引社会风险投资、天使基金等各类服务机构进驻产业园，构建

融资对接平台，拓宽融资渠道。

五、民营人力资源服务产业园问题及对策建议

民营人力资源服务产业园建设发展，对探索我国人力资源服务业发展提出了新的途径和方法，对构建人力资源市场管理制度体系，充分发挥市场机制，转变政府职能具有重要意义。但民营人力资源服务产业园同时又是新生事物，其发展过程中遇到了一些困难和问题。以下分别从民营人力资源服务产业园自身角度和政府职能部门角度提出鼓励支持民营人力资源服务产业园发展的政策建议。

（一）民营人力资源服务产业园运行效果

1. 引进知名企业和本土企业入驻园区

民营人力资源服务产业园积极引进国内外有代表性的人力资源服务企业和有成长潜力的本土企业。苏州吴中城区人力资源服务产业园入驻企业41家，其中人力资源类别公司有26家，占比63.4%，虚拟企业达200多家，入驻企业包括中华英才网、中智（上海）、北京外企、上海外服、肯耐珂萨、诺姆四达、越吴集团等国内外知名企业，形成了人力资源服务业集聚区。西安人力资源服务产业园碑林园区自成立以来，入驻企业27家，园区主要以人力资源服务为主体，充分发挥整合资源、集聚产业、拓展服务、孵化企业、培育市场等功能的大型综合园区。江苏宿迁人力资源服务产业园引进全球知名人力资源品牌机构，现有入驻企业30余家，打造苏北领先、省内有特色、淮海经济区有影响力的人力资源产业集聚区。方阵人才港（武汉产业园光谷园区）入驻企业1家，湖北方阵人力资源集团有限公司，主要从事招聘求职、人事代理、猎头咨询、派遣外包、互联网+人力资源，以及档案整理、档案数字化和档案寄存等业务。

表8　2020年苏州、武汉产业园民营人力资源服务产业园经营情况

	入驻企业数量（家）	营业收入（亿元）	纳税额（万元）
苏州吴中城区产业园	41	9.5	676
西安碑林产业园	27	1.2	350
方阵人才港（武汉产业园光谷园区）	1	7.46	137

资料来源：根据苏州吴中、西安碑林、武汉方阵人力资源服务产业园管理部门提供数据整理。

2. 园区形成了人力资源服务全产业链

民营人力资源服务产业园集聚了人力资源服务全业态，既包括猎头服务、派遣外包、人事代理、高级人才寻访等经营性人力资源服务，也包括劳动人事、社保代理等公共人力资源服务。互联网数据服务、人才信息库等新兴业态成为民营人力资源服务产业园重点发展业态；为园内企业量身定制的金融、管理、培训等全方位服务也成为民营人力资源服务产业园的优势特色之一。江苏宿迁人力资源服务产业园以人力资源产业集聚为己任，人才建设为目标，为企业提供项目孵化、人才招聘、岗位测评、企业内训、人事外包、人事代理、管理咨询、高端猎聘、投融资代理等优质服务。为人才提供职称评审、技能培训、技能鉴定、就业推荐、档案托管等专业服务。

3. 园区经济社会指标运营状况良好

民营人力资源服务产业园运营状况良好，从产业园经济效益来看，产业园集聚人力资源服务企业，发挥产业联动效应，拉动相关产业和国民经济增长；园区内税收收入快速增长，为当地经济做出贡献。从社会效益来看，民营人力资源服务产业园创新人力资源服务模式，满足社会不同层次人力资源需求；拓宽就业领域渠道，促进大众创业万众创新；为当地人才引进、就业创业培训和技能提升等发挥了重要作用。苏州吴中城区人力资源服务产业园入驻企业营业收入合计9.5亿元，吴中区纳税合计676万元。已培训企业家、经营管理人才近3000人，服务企业千余家，提供基础人力资源服务累计16万人次，并将人力资源服务集聚区"人力资源服务产业园"服务品牌形象进一

步提升。创先实施的人才创业孵化项目，年均孵育毕业企业15家。西安人力资源服务产业园碑林园区自成立以来，服务人员数量达到3万余人，达成就业意向人员5145人，2020年实现营业收入1.2亿元，税收350万元，规模效应初显。江苏宿迁人力资源服务产业园一期重点发展人才交流、培训认证、人力资源外包及咨询测评等业务，实现人才交易超15万人次、培训规模超20万人次。方阵人才港（武汉产业园光谷园区）2020年实现营业收入7.46亿元，税收137万元，服务8.72万人次，服务用人单位1.57万家，提供就业岗位3.44万个，引进高层次人才7800人。

4. 加快政府职能转变和政府主导型园区自我提升

市场经济下政府的主要职能是服务和管理社会以及调整市场。以民营企业作为人力资源服务产业园管理经营主体，政府职能发生转变，由经营管理者变为监督指导者，为市场主体作用的充分发挥创造了必要的条件以及外部环境。此外，民营企业采用以市场机制为核心的管理理念和方法对园区进行经营管理，将带来成本的降低、效率的提高以及竞争力的增强。随之而来的将是民营企业主导与政府主导的人力资源服务产业园的比较与竞争，这必然会促使以政府主导型产业园在体制转变、效率质量提高等方面多加努力。

（二）民营人力资源服务产业园运营模式现存的问题与不足

1. 缺乏行业全面系统认识，市场需求把握不准确

与政府部门和国有企业相比，民营企业缺乏对相关政策信息和市场情况的了解途径和手段，造成了民营企业缺乏对人力资源服务行业的战略规划、相关政策信息、先进技术和服务理念的全面系统的认识，缺乏对当地人力资源服务业的发展状况、人力资源市场情况、人力资源服务需求的深度理解把握。因此，部分民营人力资源产业园的建设规划不能很好地贴合当地经济产业发展总体规划布局要求和人力资源服务业发展客观实际，造成了产业园盲目建设、功能定位不准确、招商引企难、企业同质化低端化等诸多问题。

2. 开发建设投入资金不足，融资能力渠道面临困难

民营人力资源服务产业园开发建设资金不足和融资困难是民营企业面临

的主要问题。人力资源服务产业园具有资金前期投入大、项目建设周期长、资金回笼慢、招商难度大、利润空间小等特点。单一民营企业开发模式对企业投入资金和运营能力要求高、运营风险大，再加上民营企业的融资能力和融资渠道有限，会影响产业园的开发建设，也限制了产业园未来转型升级的步伐。因此民营人力资源服务产业园为前期小规模建设，待运转成熟后再进行后期建设，相对政府主导型产业园建设规模和体量较小。

3. 更加突出园区经济效益，忽视社会效益长远发展

民营人力资源服务产业园以市场为导向，相比较政府主导型产业园更突出其营利性，尽管短期内部分产业园会放弃利润最大化目标，但根本上将产业园作为实现企业创新战略和投资战略结合的重要载体来追求长期和间接的回报，并最终体现在经济效益上。民营人力资源服务产业园会更加关注产业园带来的收入和税收、运营成本、投资回报率等经济指标，容易忽视推动产业发展和创造就业岗位、劳动力供求匹配、引进培训各类人才等社会效益指标。

4. 政策优惠难以有效落实，政府企业合力尚未形成

民营人力资源服务产业园应积极与各级政府部门对接，落实人才、财政、金融、产业等各项相关优惠政策，优化产业园投资环境。但现实中，一方面，民营人力资源服务产业园整合政策资源能力不足，存在着优惠政策落地难、普惠性差等问题。另一方面，民营人力资源服务产业园是新兴成长事物，自身能力不足，且缺乏政府支持引导，因此与政府主导型产业园相比，民营人力资源服务产业园社会认知度认可度不高，在开发建设、市场开发、招商引资、对外宣传等方面仍存在着差距。

5. 兼备管理主体和经营主体，形成园区企业之间竞争

民营人力资源服务产业园管理运营公司，如西安产业园的和平人力资源有限公司、武汉产业园的方阵人力资源集团、苏州吴中产业园的越吴集团，其前身均为当地具有雄厚实力的专业化人力资源服务企业。为谋求企业发展和盈利，在产业园成立后，产业园管理运营公司仍保留了原有的人力资源市场化经营业务。管理运营公司既为管理主体也为经营主体，容易对园区内其

他企业产生不公平竞争局面，因此应寻求差异化经营的发展道路。

6. 市场化增值服务开发不足，盈利模式仍以租金为主

民营人力资源服务产业园盈利模式仍处于初级阶段，一是民营产业园管理公司通常以物业公司形式出现，只提供场租场地、物业、运行维护等初级化服务，其主要收入来源为租金、物业、停车费等初级收入，房屋租金增长弹性有限，仅依靠租金收入难以为产业园带来巨大收益。二是民营产业园在实际运作过程中，存在着建设资金、运作资金不足的问题，产业园前期建设投入大，运营成本高，短期难以收回成本。若仅仅依靠房租等初级盈利模式，难以维持自身运转。三是地方政府财力有限难以全力支持，社会融资渠道过窄，使得民营人力资源服务产业园面临资金瓶颈。

（三）民营人力资源服务产业园自我完善发展的建议

1. 全面掌握行业情况，科学制定园区发展规划

民营人力资源服务产业园的科学定位及总体规划对于未来发展至关重要。建设发展的经验表明，经济社会发展水平、市场化开放程度以及人力资源服务业市场的发展潜力是人力资源服务产业园能否真正发挥作用的重要基础和前提条件。因此，对于当前人力资源服务产业园建设热潮，需要对当地经济产业情况、人力资源市场供求、人力资源服务业发展现状等情况进行全面调研和诊断分析，并制定合理的布局规划。各地相关部门也要明确产业园的建设标准和认定标准，既要防止同质化竞争，也要防止不具备条件的地方建设产业园。民营人力资源服务产业园的建设及发展路径选择，既要体现当地经济社会发展水平、城市功能发展布局、行政分权和空间区位等特点，又要考虑市场环境、产业分布和机构集聚度等因素，还要体现园区发展目标、发展战略和经济社会效益。

2. 加强外部沟通协调，积极争取各项扶持政策

民营人力资源服务产业园要积极加强与省市区相关职能部门的沟通联系，得到各级政府部门和社会的关注与重视，提出当前存在的问题和困难、未来发展设想，以期得到支持和帮助。产业园的优惠政策是企业是否进驻首先要思考的问题，因此政策优势对产业园的发展至关重要。应争取各项财政税收等方面的扶持减免，工商注册、人才引进、项目补贴、招商奖励等多领域的优惠扶持政策。既能缓解企业经营压力、增强企业盈利能力，又可在政府平台上对民营人力资源服务产业园进行宣传推广，提高影响力、知名度、关注度。要认真对各级政府的相关政策进行梳理，借鉴其他人力资源服务产业园的优惠政策经验，并结合自身园区的实际情况，因地制宜地制定各项优惠政策，积极做好项目申报和协调重点项目落实等工作。

3. 建立公司化治理模式，探索政府指导下企业化运营

民营人力资源服务产业园的运营模式，可采用公司化治理模式，运用市场化机制选聘职业经理人团队，以专业化运营为入园企业提供市场化服务，通过设立产业园运营公司实现园区的资金筹集与运用、园区规划、开发及管理、基础设施建设、招商引企、服务保障等职能。另外，由于民营人力资源服务产业园在开发建设、管理运营等方面需要政府的支持，而且承担人力资源公共服务职能，具有积极的社会溢出效应，因此对于民营开发公司来讲，应积极探索政府指导下的企业化运营模式。企业作为园区开发经营主体，在政府的指导下，根据市场经济的运行要求，以市场为导向和以经济效益社会效益为中心，集聚各类人力资源企业和公共服务配套机构，实现园区的资源优化配置和规模效益的提高。

4. 理顺开发运营思路，拓展多元化盈利模式

民营人力资源服务产业园应拓展经营服务理念，采取多元化的盈利模式，加大增值类服务和投资类收益的比重。一方面，产业园可将各种配套服务业态面向社会经营，如广告、资产租赁、中介代理、会展服务等多种增值性服务。另一方面，产业园可开展风险投资，寻求投资收益。通过资本运作来分享企业的发展成果，提高自身经营能力和经济效益，推动园区良性持久发展。通过资金入股或管理入股，参股或控股创业企业，享有企业的股份分红，实现价值增值收益。入驻企业也保障了自己的利益，将其运营成本降至最低限度，从而最大限度地提高其对风险投资者的吸引力。对配套增值服务和投资类服务加以整合、搭建平台，形成园区自身良性可持续发展的支撑要素。作为产业园管理运营公司，还应与园区内其他企业实现差异化运营，做其他企业不愿做、不敢做、不能做的业务。

5. 整合政府社会资源，提供公共及配套服务

民营人力资源服务产业园应对接公共服务职能和配套服务机构入驻，帮助企业积极对接人社、工商、税务、公安等公共服务职能部门入驻产业园，并协助企业落实各级政府给予的各种优惠扶持政策，既为政府延展了服务功能，也为产业园创造了良好的服务环境。同时与金融服务机构、技术服务机构、市场服务机构、管理咨询机构等相关服务机构建立长期的战略合作伙伴关系，为企业与团队提供创业培训、投融资对接、团队融合、政策申请、工商注册、法律财务、媒体咨询等全方位、开放式的服务生态系统，共同构建广泛的服务网络。

6. 优化园区服务环境，加强园区信息化建设

优化园区人力资源服务生态环境。以市场化手段建造一批基础性、功能性、综合性配套设施，打造完善的通信、餐饮、休闲、娱乐等设施，为园区的企业、人才提供日常生活便利。周边配套人才公寓，加大园区人才吸引力度，营造宜居宜业的工作生活环境。建立方便快捷的公共交通体系，以产业园为核心，开设多条与周边及市区连接的公交线路和班车，为产业园工作人员和办事人员提供出行便利。利用信息化技术推动人力资源服务产业园建设。要通过加强数据分析和应用的能力，通过建设决策支持平台、大数据分析应用等方式提高信息资源的整合、处理和运用；加强产业园信息统计监测体系，建立园区企业的信息共享平台；打造智慧园区，从而推动人力资源服务产业园管理的精细化、精确化，促进各项业务开展和服务模式创新。

（四）政府部门鼓励引导民营人力资源服务产业园发展的建议

1. 探索多元化开发模式，提供建设资金支持

探索民营人力资源服务产业园多元化投资开发模式。如政企合作型开发模式，有利于吸引多元投资主体，可缓解政府的财政压力，便于实施综合性、大规模成片开发，政企合作型开发模式权责明确，且包含多方利益主

体，易于园区开发建设的推进。产业园开发建设还要创新融资渠道，如组建建设性投融资公司，建立园区投融资平台，积极争取银行贷款支持和各类产业扶持资金支持。

各级政府要加大对民营人力资源服务产业园建设资金支持力度。设立人力资源服务产业园专项资金，统筹地方各类财政支持和扶持资金，加大财政支持力度，通过对入园人力资源服务企业提供贷款贴息、财政补贴、奖励等优惠支持政策，多方面支持人力资源服务产业园及入园企业发展。使民营产业园与政府主导型产业园享有均等的政策优惠。

2. 明确政府市场职能，探索创新管理机制

民营人力资源服务产业园的建设发展，离不开政府的支持，需要得到各级政府的高度重视，这是产业园建设的有力支撑和重要保证。为推进人力资源服务业发展，实现人力资源服务产业园更高标准建设和更高水平管理，产业园建设需要建立省市区多级联动机制，以期整合资源、叠加政策、形成合力。首先，产业园决策协调层面，建议人社部门联合工商、税务、公安、发改等相关职能部门成立人力资源服务产业园领导小组，作为产业园决策协调主体，主要负责产业园建设发展重大政策研究、重大发展战略制定、制定统筹发展规划、制定出台鼓励产业园发展的优惠政策和标准等。领导小组下设办公室负责贯彻落实领导小组决定的各项重大事项。其次，民营产业园的管理运营建议采取政府引导下的市场化运作模式。

在我国当前经济社会环境和人力资源服务产业发展阶段背景下，以政府支持、企业主导方式建设经营园区，将成为人力资源服务产业园的发展趋势。政府和市场的各自职能分别体现在：政府主要负责软环境建设，并在制定政策规划、保障体系建设、参与各方协调沟通、监督指导等方面发挥调控职能；园区建设的资金、人才、资源配置、管理运营等由管理运营公司按照市场化规律进行运作。政府市场职能既分工明确，又协同合作，充分发挥各自作用，保证人力资源服务产业园既具有政府支持力度大、协调能力强、推进速度快等优势，又具有企业体制机制灵活、市场反应敏锐、管理服务到位等优势。

3. 政府社会组织助力，加大招商宣传力度

民营人力资源服务产业园应邀请政府部门、行业协会、商会等组织共同开展招商引资、宣传推广等活动，共同促进产业园人力资源服务企业做大做强。政府部门负责组织招商工作，并给予政策上的支持，优化产业发展环境；协会或商会整合社会多方资源，定期开展行业沙龙、展览会等宣传推广活动，为企业嫁接商机，并配合政府部门开展招商引资，邀请内外知名企业入驻园区；产业园管理公司作为园区的业主，主要负责园区招租、物业管理等工作。政府、协会、企业等多方共同合力，有利于改善投资环境，明确招商的目标范围，提升招商引资的层次和水平。

4. 加大政策扶持力度，营造良好政策环境

当前我国人力资源服务业和产业园政策体系尚不健全。虽然国家层面也出台了一些鼓励政策，但更多的还是产业园当地政府提供的一些政策，尤其是对产业园发展的认识还有待进一步深化。政府部门可通过制定支持性政策（产业、土地、税收等政策），引导性政策（准入政策、行政监督等政策）和发展性政策（品牌奖励、领军人才奖励等政策）来营造良好的政策环境。民营人力资源服务产业园与政府主导型产业园同样可享受省市区关于人才、产业、财政、税收等优惠政策。如对引进的优质人力资源服务企业给予财政扶持；落实税收优惠政策的具体措施，明确支持范围、认定标准和实施程序，重点解决人力资源服务中间环节重复征税、差额征税和跨地重复征税等问题；通过筹建小额贷款公司和对担保费用进行补贴等方式帮助园区中小型人力资源服务企业降低融资成本；提供人才绿色通道、职业技能补贴、培训补贴和鉴定补贴等；积极探索园区"先行先试"政策，在园区推行人力资源服务企业外资持股比例管理试点，适当提高外资持股比例等。

5. 加强园区监督指导，规范市场行为秩序

对民营人力资源服务产业园的监督指导也是政府部门的主要职能之一，是产业园市场经济秩序形成与维护的关键。政府部门和产业园管理部门通过制定园区标准规范、加强对企业的监管、加强人才队伍建设等手段，可有效地避免人力资源服务企业的恶性竞争和违规行为，保护用工企业和劳动者合

法权益，建立公开公平公正的市场秩序。产业园应联合相关部门、行业协会、社会组织等积极推进协同共治，开展市场秩序清理整顿专项行动、提升公共服务规范化水平、加强人力资源服务标准化建设、加强人力资源市场管理信息化平台建设、强化人力资源服务机构诚信建设、鼓励社会监督等活动，加强人力资源市场管理，规范市场行为秩序。

第五章

人力资源服务产业园规范化管理

　　人力资源服务产业园规范化管理是对园区各项业务流程、服务规范、服务标准进行梳理，建立园区管理服务规章制度和标准，使各项管理服务工作有章可循、有据可依。为进一步提升产业园发展水平，推动园区由优惠政策激励型向以服务驱动型转变，各地产业园紧紧围绕"管理规范、服务优良、顾客满意"的目标，整合服务内容、规范服务流程、制定服务标准，实现产业园规范化、制度化、标准化管理。

一、推动行业标准化建设

（一）开展产业园标准化试点工作

　　产业园及行业协会根据人社部、国标委、发改委等六部委的《关于推进服务标准化试点工作的意见》《服务业标准化试点实施细则》等文件精神，紧紧围绕"管理规范、服务优良、顾客满意"的目标，积极参与制定行业标准，开展人力资源服务标准体系试点。

　　上海人力资源服务产业园在国家人力资源服务标准化试点的基础上，不断深化国家人力资源服务标准化示范区创建，创新平台化服务、薪酬数字化等新业态项目进入2020年第一批上海市标准化试点项目名录。江苏省制定了人力资源服务产业园服务规范地方标准，对相关术语和定义、功能区设置、机构要求、服务要求和服务质量控制等方面进行了规范。烟台人力资源服务产业园标准化工作获国家试点立项，建立了一整套程序严密、考核有效、过程优化、覆盖全面的标准化体系，体系严格按照GB/T 24421系列标准要求，包括服务通用基础、服务提供和服务保障三大标准体系，内容既包括园区日常运营、企业管理、安全保障等内容，又包含了园区的创客空间、信息化等特色工作，获批成为国家级社会管理和公共服务标准化试点项目。

（二）编制人力资源服务行业标准

产业园和行业协会积极推进人力资源服务行业标准体系的建立，研究制定招聘、猎头、劳务派遣、人力资源服务外包、测评、管理咨询等人力资源服务产品标准。

北京人力资源服务行业协会参与了全国人力资源服务标准化技术委员会组织的《GB/T 33860—2017 人力资源服务机构能力指数》解读的编写工作，积极开展京津冀三地区域协同地方标准的贯标实施工作，对北京地区5家人力资源服务机构进行了等级评定，并派出专家组协助河北地区完成2家人力资源服务机构的等级评定工作。上海人才服务行业协会持续开展标准国家及地方标准制修订工作，在国家标准方面，开展《人力资源服务术语》国家标准的视频宣讲录制工作；在地方标准方面，开展《人力资源派遣服务规范》修订、《网络招聘服务规范》编制工作，已通过地标委审定，启动标准制修订工作；在团体标准方面，协会制定了团体标准的标准化制度，积极组织专家团队，编制《高级人才寻访服务规范》团体标准，于2021年正式发布。

此外，产业园积极开展标准化宣传与培训工作，组织人力资源服务机构负责人及相关工作人员参加贯标培训，免费向园区人力资源服务机构提供地方标准文本，指导服务机构开展等级评定申报工作，从园区中选择企业作为标准化试点企业。

（三）出台人力资源服务产业园认定办法

多个省份出台产业园认定办法对申报省市级人力资源服务产业园提出了相关标准要求。海南省、湖北省、江西省等地出台了《人力资源服务产业园评估认定暂行办法》，对省市级人力资源服务产业园申报条件、认定程序、管理监督等方面做出了规定。为加快人力资源服务产业集聚区建设，苏州市率先出台了《苏州市市级人力资源服务产业园区认定办法》（以下简称《办法》）。《办法》对产业园区建设规划、立项审批、运营管理和配套服务提出了明确要求，对独立产业园区、"一园多区"等不同类型园区的建园标准，包括建设面积、集聚机构数量和营业收入等进行了量化规定，《办法》对人力资源服务产业园区建设发挥重要指导作用。

二、加强园区规范管理

（一）制定入驻管理制度

多地产业园出台了企业入驻管理办法，明确了入驻条件、入驻流程以及管理方法，从而促进人力资源服务产业园区的制度建设。成都人力资源服务产业园陆续出台了《中国成都人力资源服务产业园（人才园区）入园项目准入和退出管理办法（试行）》《中国成都人力资源服务产业园（人才园区）招商规程（试行）》等制度文件，为成都人才园区建设及运营提供科学化规范化保障。制定《长沙经开区人力资源服务产业园入驻申请表》《长沙经开区人力资源服务产业园入驻机构管理办法》《长沙经开区人力资源服务产业园运营管理办法》等，以规范园区管理活动、维护企业合法权益。石家庄人力资源服务产业园制定了《产业园入驻机构考核管理办法》《产业园发展若干措施的实施细则》《产业园入驻管理条例》《产业园入驻机构须知》等配套一起执行，从制度层面保障产业园日常管理与运营考核。

（二）建立园区统计制度

建立一套能全面反映园区企业发展面貌，同时便于统计工作顺利开展的园区特色指标体系是产业园规范化建设的基础。从全国范围来看，我国人力资源服务产业园统计指标体系构建尚处于起步阶段，亟待研究制定园区统计指标体系的国家标准和地方标准。重庆人力资源服务产业园建立了涵盖园区的基本情况、工作人员情况、入驻企业情况、公共配套服务、专业化服务、市场化服务、经济社会效益统计指标体系，既全面科学地反映了重庆产业园入驻企业的基本情况、运营情况和经营效益，又反映了园区在完善服务保障和积极落实政策方面取得的显著成效。上海产业园定期开展产业园区人力资源服务机构统计工作，对园区内人力资源服务机构的服务产品、服务人数、服务客户、销售额、纳税情况等进行综合统计，汇总形成统计指数，通过讲坛、行业研究报告等形式将统计结果与社会分享，为产业园发展提供理论基础。

（三）开展园区考核评估

建立系统完善的人力资源服务产业园服务评估体系，对园区专业化服务、公共配套服务、市场化服务、园区效益等进行全方位评估，提出相应的评估方法和手段，建立评估模型，从而指导产业园服务实践工作，提供更加专业化规范化的服务，引领产业园向高质量、高水平发展。

《国家级人力资源服务产业园管理办法（试行）》中提出要建立完善的园区评估考核指标体系，对产业园的发展情况进行评估考核，各地每年要开展自评工作，保障园区规范运营。上海市人社局出台《中国上海人力资源服务产业园区建设管理办法（试行）》，对产业园运营管理、分园设立、评估考核等进行了明确和细化，积极推动产业园对标国际最高标准。重庆产业园每年对入驻企业进行考核评估，根据考核评估结果对部分不符合产业园发展要求的企业予以清退。烟台产业园建立起适合产业发展的业绩评价和考核制度，加强对入园机构的激励管理考核，对考核不合格企业给予腾退处理，提高主体楼宇资源利用率。南昌产业园出台《中国南昌人力资源服务产业园考核管理实施办法（暂行）》，推动并全面提升人力资源服务产业园的规范化管理水平。

三、推进机构诚信体系建设

各地产业园和行业协会积极推动人力资源服务机构诚信体系建设，加强行业自律与监管，营造公平竞争的市场环境。

北京人力资源服务行业协会与市人社局共同开展了人力资源服务机构诚信建设工作，向人力资源服务诚信示范单位颁发"诚信示范单位"标牌，树立了典型，规范了服务，营造了依法经营的良好氛围；协会积极组织北京地区电子劳动合同的推广应用，举办了北京地区电子劳动合同应用推进会，21家企业现场签署《北京地区电子劳动合同诚信自律公约》。上海人才服务行业协会组织172家行业机构开展"2020年上海人力资源服务行业诚信示范机构创建活动"，提高人力资源服务机构整体质量，塑造行业整体形象。长沙产业园积极组织实施诚信人力资源服务机构的创建工作，对考评成绩突出的机构推荐参加"全省诚信示范人力资源服务机构"评选；积极推动人力资源服务机构诚信档案制度，开展行业企业诚信评估，树立行业信誉。烟台产业园积极组织实施诚信人力资源服务机构创建工作，对考评成绩突出的机构，给予推荐参加"全省人力资源服务业十强机构""全省人力资源服务业十大品牌""全省诚信人力资源服务机构"评选，对新获得驰名商标，著名商标，国家、省市诚信服务机构，十大品牌十强机构的企业，给予相关资金奖励。南昌市积极推进人力资源服务机构信用体系建设，建立人力资源服务机构诚信档案制度，开展行业企业诚信评估，每两年评选省市区三级诚信人力资源服务机构，树立行业信誉。宁波市加强"双随机一公开"监管，大力打击黑中介，遏制低价竞争，营造公平竞争的市场环境，指导推动人力资源服务行业协会建设，充分发挥宁波市人力资源行业协会在行业代表、行业自律、行业协调等方面的功能。

第六章

人力资源服务产业园数字化信息化建设

随着全球物联网、移动互联网、云计算等新一轮信息技术的迅速发展和深入应用，加速了人力资源服务业数字化、信息化、平台化的发展。人力资源服务产业园把握数字化发展新趋势，发挥现代信息技术在园区管理、运营方面的优势，优化园区管理流程和公共资源配置，推进园区数字化建设，打造智慧园区，提升产业服务和辐射带动的能力，赋能人力资源服务产业园高质量发展。

一、数字化赋能人力资源服务产业园发展

各地人力资源服务产业园积极推进园区数字化、智慧化发展，探索"互联网+人力资源服务产业园"的发展模式，促进园区建设管理精细化、服务功能专业化和产业发展智能化。

（一）搭建园区可视化智能展示平台

人力资源服务产业园开通了门户网站、搭建智慧展厅、创办电子期刊，多维度立体化展示产业园。重庆、合肥、沈阳、长春、深圳等产业园创建了产业园线上云平台，提供行业政策解读、信息发布、招商推介、物业管理、配套服务等宣传推介和服务管理功能。上海、重庆、长沙、合肥、杭州产业园建设了电子智慧展厅，利用VR技术将园区实景生动、立体地展现了出来，更新了园区概览、品牌展示、平台搭建、党建引领、政策聚焦等展区，提

升观感体验。长春、杭州产业园定期出版《园区印象》《园区掠影》数字期刊，及时发布行业政策、考察交流、特别关注、园区资讯等栏目信息，为园区开辟对外交流与现场展示窗口。海峡、烟台、西安、广州开通了园区微信公众号，定期发布园区的政策、信息动态，宣传企业产品服务，研发创新创业全过程配套服务小程序，打造线上服务平台。

（二）利用数字化技术构建园区智能化楼宇

各地产业园通过运用云计算、物联网、自动化控制、现代通信、音视频、软硬件集成等技术，整合园区安防、消防、通信网络、智慧一卡通、信息发布平台、停车管理、自动化办公等多个系统，加快完善智慧化楼宇建设。重庆等产业园构建楼宇智能化平台，将楼宇智能化平台分为智能化信息设施、节能控制管理、一卡通、数字安防报警、数据机房、智能会议等模块，包括综合布线、信息发布、楼控管理等28个子系统。武汉、济南产业园将日常运营和服务事项形成清单，逐步实现网上办理，将园区综合配套区的会议室、办公室、工位等空间实现在线预订，主动适应其去中心化的组织管理、短期项目式业务管理、共享合作制人员管理等特点，提供定制化服务。海峡升级园区线上服务平台，构建一个基于Web/微信的虚拟园区，运用物联网、云计算、多媒体等现代信息技术，在园区信息化建设方面构建统一管理协调架构、业务管理平台和对外服务平台，为园区管理者以及企业提供创新管理与运营服务。

（三）深化"互联网+智慧人社"创新公共服务

以运用"互联网+智慧人社"为目标，产业园持续深化"互联网+人力资源公共服务"模式，整合人事人才、就业、社保、工商、公安、税务等政务公共服务资源，搭建"网上办事大厅"和"掌上办理大厅"系统功能，提供相关政策法规、办事指南、在线预约、智能查询等服务项目，为入驻企业及个人提供全方位、一站式的政务服务，方便用户快捷办事，提高政府服务效率。成都产业园人才政务服务平台网上服务大厅实现微信预约功能，人才可一键预约办理政务服务事项，系统可根据人才预约提示其最近办理地点等信息；完善职称申报功能，线上评审流程、选择条件可灵活编辑。烟台产业园实现操作软件"一键整合"，设计开发经办软件和服务界面，将工伤认定、退休审批、职称考试等十多项业务纳入系统，并将二十多项保险业务子系统登录端口进行了整合。海峡产业园不断完善"网上办事大厅"和"掌上办理大厅"系统功能，陆续完成了6类网上证明、职称申报承诺书电子签署、档案资料查借阅在线预约、档案资料远程复印、毕业生就业信息登记采集平台等多款远程电子化产品开发。济南产业园着力打造智慧化服务大厅，以智能机器人引导代替传统导服员、手机取号、智能提醒、室内业务地图导航、LED集成大屏、自助查询机、自助服务终端、表格预填、证照复用等，打造智能便捷的公共服务体验中心，实现智能化一网通办。

（四）打造"云人才市场"和"E就业平台"

产业园变革传统招聘模式，搭建"云人才市场""E就业平台""互联网+招聘"平台，涵盖视频面试、人岗匹配、精准推送等多项招聘管理功能，及时掌握人才供需状况，多渠道全方位发布紧缺人才需求及人才激励政策，不断提升人才大数据管理能力，为产业发展提供快捷高效的人才对接渠道。成都产业园在招聘网站功能基础上，开发地图找工作、简历动态匹配、企业招聘会等功能，同时通过链接微信公共平台功能，实现招聘会签到、反馈电子化采集，主办方可一键收集人员信息，充分提升了招聘会数据收集、智慧分析、科学规划的能力。西安产业园西咸园区设计开发"西咸E就业平台"，以地理位置为半径，将平台下放至各服务大厅、平台、社区等，结合人力资源市场化数据，形成人才简历，进行就业指导、就业招聘、就业信息发送，同时完成数据采集和信息传递功能，建立人力资源状况数据库。天津产业园打造"就业云超市"，通过大数据、云计算等技术，全面掌握区域人才需求情况，完成区域招聘信息的全方位、多渠道发布，为求职者和用人单位提供精准化匹配。此外，通过人工智能系统配置的远程视频技术及人才简历解析等功能，开展远程招聘活动，将招聘前、招聘中和招聘后的全流程进行数字化管理，实现招聘求职效率和质量的双提升。

（五）数字化赋能人力资源服务业态转型升级

产业园推动人力资源服务各业态与大数据、人工智能、互联网、区块链等新兴技术深度融合，支持人力资源服务企业加大科技创新投入，设立自身研发团队，掌握核心研发技术，积极探索开展跨界服务模式，实现人力资源服务数字化、个性化、智能化的全面转型升级。上海产业园支持人力资源服务企业与互联网企业保持合作，研究开发人力资源供求信息查询系统、人才测评系统、职业指导系统、远程面试系统等，不断推出新业态、新产品，推动产业智慧化。长春产业园探索逐步建立线上"一体化"云智能人力资源服务系统，打造云端人才供求信息查询系统、云端人才测评系统、云端创业指导系统及云端视频面试系统四大人力资源服务系统。海峡产业园运用信息技术手段，加快传统业务转型升级，拓展IT行业、设备运维、终端销售等细分领域，研发出可信云计算，结构化分布账本，区块链底层，大数据云安全等多个具有独创性的专有技术，开发外包跨界合作新领域灵活用工模块，搭建人力资源服务生态圈；围绕劳务（人才）派遣、人力资源外包开发"海派灵工""好福兜"员工福利商城、"金融保险""薪税社福""青峰社""职多薪""家门口服务站""TTM管理软件""百谷王电子合同""建设人力智薪算平台"等创新服务产品，目前已为千余家国有企事业单位、外商投资企业、民营企业提供一站式的人力资源服务解决方案。

（六）利用大数据技术开展人力资源信息分析

产业园利用大数据技术，及时准确掌握各类人才信息，建设大数据信息中心，开展人才大数据综合分析，实现信息资源动态管理和资源共享。一是建立人力资源大数据中心，为行业发展提供智力支撑。中原产业园依托园区信息中心和大数据中心，建设河南省人力资源数据中心，为园区入驻机构和市场供需两端提供就业、培育、职业规划、人才测评等多种业态解决方案。成都产业园成立人力资源产业服务共享中心，以人力资源大数据应用平台为核心载体，联合国家信息中心、新华社中国经济信息社，构建"新华·中国人才指数"，帮助政府和企业制定精准有效的人才政策、规划和配置。石家庄产业园建设国际人才共享中心区域大数据平台，为石家庄人才产业结构的建设提供理论支撑。二是构建人力资源信息库，实现数据共享。产业园依托金保工程、人力资源市场数据，构建"人力资源信息库""高端人才库""政策信息库"，实现数据互联互通和资源信息共享。重庆综合信息服务平台与金保工程实现数据对接，将获取数据信息按照运营的需要分项、打包或分析后提供给企业和个人，从而实现增值服务。上海产业园运用大数据技术，从园区112家企业的人才库、需求库等相关数据库中提炼掌握各类人才信息，并实现全面、准确、及时、动态管理及人才信息资源共享。石家庄产业园大数据平台拥有全国人才数据量约6000万条，石家庄地区人才数据200万条，已服务企业数量达137万家，积累招才引智政策达4500余条，采集相关知识产权信息数量145万条，高校合作突破500家。武汉产业园建立线上政策数据库，通过整理各省市政府门户网站系统智能抓取政策数据的链接，政策数据库现收录相关人才政策为2571条，涵盖了本地及其他省市的人才发展及创业扶持政策，方便企业更加高效便捷地获取相关政策信息。三是加强行业大数据分析，发布人力资源行业供求报告。长春产业园研发"人才地图"项目，利用大数据分析技术，围绕城市重点领域、重点产业，从区域分布、行业分类、学历职称、研究领域等多个维度绘制全市"人才肖像图"。成都产业园打造人才大数据综合分析平台，实现部分人才、企业信息实时检索及统计分析。开发了大数据可视化人才地图、人才缺口图、人才安居图。石家庄正定园区建设国际人才共享中心区域大数据平台，依托区域化特征数据形成人才共享指数、人才竞争力指数、科技成果转化指数等相关指数指标，并最终形成新兴产业结构调研报告、高端人才引进调研报告等报告体系，构建区域人才大数据智能化平台体系，为产业园健康化发展提供平台性的赋能。

二、人力资源服务产业园数字化发展方向

"十四五"期间，人力资源产业园应把握数字化发展新趋势，围绕5G、人工智能、互联网、物联网等领域，加快推进人力资源服务数字化转型，发挥产业园在融合产业、信息、人力资源方面的独特优势，不断提升产业园服务就业创业、人事人才主渠道功能。

一是将产业园打造成为服务产品齐全、专业化程度强、技术含量高的人力资源服务供应基地，鼓励人力资源企业数字化转型升级，发挥人力资源服务业在推动形成实体经济、科技创新、现代金融、人力资源协同发展的产业体系方面的带动作用，满足区域发展的人力资源需求。

二是将产业园打造成为"人力资源服务+互联网+大数据"多项融合的产业生态体系，构建人力资源数据中心，收集、分析发布企业用工需求和人力资源供给信息，建立人力资源协调互通渠道，降低企业特别是劳动密集型企业招工成本，实现企业和求职者的效益最大化。

三是将产业园打造成为智慧人社云平台，以运用"互联网+智慧人社"为目标，优化园区管理流程和公共资源配置，搭建服务于人才、企业、机构等群体的智慧云平台，实现现代公共服务的创新机制。

四是将产业园打造成为人力资源大数据平台，鼓励行业组织、园区企业以及专业媒体、研究机构等提供基于大数据的人力资源服务，研制具有公信力的园区产业发展报告、人才流动趋势报告、行业榜单等，及时掌握人才供需状况，多渠道全方位发布紧缺人才需求及人才激励政策，不断提升人才大数据管理能力，为产业发展提供快捷高效的人才对接渠道，为人力资源服务产业园高质量发展赋能。

第七章

人力资源服务产业园评估

为了解我国人力资源服务产业园的运行效果，总结产业园发展成效经验与问题的不足，本章拟构建人力资源服务产业园评估指标体系，并对试点产业园进行评估研究，研究成果将对规范引导人力资源服务产业园发展，提升产业园管理服务质量水平，更好地发挥产业园的引领示范作用，创造产业园良好的经济和社会效益，推动人力资源服务业健康发展发挥积极作用。

一、评估背景及意义

（一）评估背景

2014年以来，人社部密集出台了一系列关于人力资源服务业和产业园发展的相关文件，表明了产业园建设及评估研究的重要性和迫切性。2014年12月财政部、发改委、人社部三部委联合下发《关于加快发展人力资源服务业的意见》（人社部发〔2014〕104号）首次就加快发展人力资源服务业做出全面部署，提出"推进人力资源服务业集聚发展，加强人力资源服务产业园的统筹规划和政策引导"，将产业园作为人力资源服务业发展的重点任务之一。2016年7月人社部发布《人社事业发展"十三五"规划纲要》（人社部发〔2016〕63号）将人力资源服务业和产业园发展作为促进就业的行动计划之一。2017年10月人社部印发《人力资源服务业发展行动计划》（人社部发〔2017〕74号）对人力资源服务产业园发展提出了新要求，"开展人力资源服务产业园建设评估，对已经建成运行的产业园进行考核评估，总结园区平台建设、管理服务、机制创新、服务创新等方面的成效与经验"。2019年9月人社部印发《国家级人力资源服务产业园管理办法（试行）》（人社部发〔2019〕86号）对产业园的申报设立、运营管理、评估考核等方面进行了明确要求。2021年6月人社部人力资源流动管理司正式下发《关于开展国家级人力资源服务产业园评估工作的通知》，正式启动了国家级产业园评估工作。反映了对人力资源服务产业园成效经验进行总结、开展园区评估体系建设的迫切性，从而加强园区规范化建设和管理，从而更好发挥其经济社会效应。

从各地实践层面看，人力资源服务产业园是从行业多年实践探索中产生的创新模式和重要趋势。多年来我国人力资源服务业处于小而散的状态，专业化程度低、企业规模小、产品同质化严重、管理不规范等问题非常突出，社会认可度和影响力不高，限制了行业的发展。而人力资源服务产业园充分发挥了政府和市场的作用，发挥集聚产业、拓展服务、创新示范、培育市场、规范管理等功能，有机地将人力资源市场化服务和公共服务集聚在一起，并整合了政策、技术、人才、信息等要素，是行业发展的创新平台和有益探索。2010年以来在国家和相关省市的积极推动下，人力资源服务产业园蓬勃发展，深刻改变了行业发展格局。经过十年的快速发展，产业园建设发展取得了优异的成绩，在为当地创造了政府税收、增加了人力资源企业收入的同时，也带动了当地人力资源有效配置，提高了人力资源的整体素质，推动了当地经济社会发展。人力资源服务产业园经过十年的建设发展，已经跨入转型升级、提质增效的新阶段，在建设发展过程中仍存在着许多问题和不足，如发展模式趋同、管理机制不健全，运行机制不顺畅，政策红利期将过等问题，需要对这些问题进行深入剖析研究。因此，急需建立一套科学完善的评估体系，对产业园做出综合性的评估，寻找新的发展路径和动力机制推动产业园高质量高水平发展。

（二）评估意义及必要性

（1）有助于研判人力资源服务产业园建设的合理性，肯定其在推动人力资源服务行业发展，从而带动经济社会发展中的积极作用。人力资源服务产业园作为人力资源服务业集聚发展的一个平台，国外没有人力资源服务产业园做法经验，在我国也是新生事物。自从2010年批准上海筹建国家级人力资源服务业产业园以来，在集聚产业、拓展服务、孵化企业、培育市场等方面发挥了引领示范作用，同时推动了当地就业创业、人力资源素质提升和优化配置，成为推动人力资源服务业发展的一个重要抓手，有力带动了当地经济和社会发展。因此，以关注人力资源服务产业园发展目标为重点，通过具体评估指标设置，明确和肯定产业园的功能作用，证明建立人力资源服务产业园的决策是科学合理的。

（2）有助于总结评估现有人力资源服务产业园的成效经验和问题，对产业园发展进行合理引导和规划。为了进一步推动我国人力资源服务产业园发展，总结建设十年以来的成功经验和不足，有必要对当前已建成和投入运营的产业园进行评估，分析产业园的运营效果、成效经验、问题原因等，并提出完善产业园的启示建议和未来发展方向，为编制"十四五"人力资源服务业和产业园发展规划提供研究思路。

（3）有助于提升人力资源服务产业园管理服务质量和水平。当前人力资源服务产业园建设迈上新的台阶，如何提升管理服务水平，推动产业园高质量发展是园区管理部门和入驻企业等各方共同思考的问题。产业园评估采取"指标分类考核，综合评判园区"的方法，分别对产业园平台建设、管理服务、机制创新、服务创新等方面进行分类评估考核，分析和比较产业园管理服务各方面各环节的问题与不足，有助于产业园管理服务部门加强管理经营能力、树立服务理念、提升服务质量和服务能力，助推产业园向专业化、产业化、信息化、平台化方向发展。

（4）有助于为制定国家级人力资源服务产业园评估办法，规范各地产业园发展提供参考。多个省份已经建立了人力资源服务产业园，有的已经评定为省级产业园，有的积极申报国家级产业园。在各地产业园蓬勃发展的情况下，人社部应当对产业园的未来发展方向发挥指导规范作用。人力资源服务产业园评估指标体系为园区规范化管理提供指导思路，为国家和地方政府指导评价产业园发展提供依据。研究成果将上报人社部，作为制定国家级人力资源服务产业园评估考核办法的参考依据，也为地方编制省市级人力资源产业园认定标准提供参考依据。

二、评估依据及原则

（一）评估依据

人力资源服务产业园评估指标体系编制以党的十九大和十九届二中、三中、四中、五中全会精神为指引，贯彻落实人社部《关于加快发展人力资源服务业的意见》《人力资源服务业发展行动计划》《人力资源市场暂行条例》《国家级人力资源服务产业园管理办法（试行）》及各地相关政策文件要求，以人力资源服务产业园评估相关理论、政策、实践为依据，对各地人力资源服务产业园建设发展实际情况进行评估。第二章已对产业园的相关概念、构成要素、功能作用等理论基础进行了分析，不再赘述。以下对产业园评估的政策依据和评估实践进行梳理和总结。

1. 评估政策依据

（1）人社部产业园管理办法对园区认定评估提出要求。人社部流动管理司已经把产业园评估和认定标准工作列为当前产业园管理的重点。2017年《人力资源服务业发展行动计划》对人力资源服务产业园发展提出了新要求，"开展人力资源服务产业园建设评估，对已经建成运行的产业园进行考核评估，总结园区平台建设、管理服务、机制创新、服务创新等方面的成效与经验"。2019年《国家级人力资源服务产业园管理办法（试行）》对国家级人力资源服务产业园的申报设立、运营管理、评估考核等方面进行了明确要求。

一方面，对已建成并运营的产业园提出建立评估考核体系，提出"建立完善的国家级人力资源服务产业园评估考核指标体系，对产业园的发展情况进行评估考核。评估考核内容包括平台建设、政策体系、管理运营、服务保障、经济社会效益等方面。各地每年要开展自评工作，保障园区规范运营"。

另一方面，对将申报设立国家级人力资源服务产业园提出认定标准，原则上应符合以下条件：一是有科学的规划论证。按照国家区域经济发展布局和当地经济社会发展需要，对拟建产业园的定位、功能布局、服务体系、运营模式、发展规划等进行充分论证，形成科学合理的规划报告。二是有一定的建筑面积。只设立一个园区的，其建筑面积不少于4万平方米。设立多个园区的，核心园区面积不少于3万平方米，园区总面积不少于5万平方米，分园区原则上不超过3个。三是有一定的聚集规模。入驻园区人力资源服务机构遵纪守法诚信经营，经营性人力资源服务机构不少于40家，年营业收入不低于20亿人民币。园区同时具备就业创业、职业培训、社会保障、人事人才等公共服务功能。四是有完善的运营管理。有完善的管理制度，有专门的产业园管委会或专业化的机构负责运营管理，配备专职工作人员。能为入驻企业提供会议、培训、金融、法律、餐饮等配套服务。五是有一系列的扶持政策。产业园所在地省市区各级政府有促进人力资源服务业发展和产业园建设的政策措施，包括房租补贴、培训补贴、引才奖励、购买服务等办法。有条件的地方应设立人力资源服务业发展扶持资金。

（2）各地对园区认定评估提出要求。除国家层面外，多个省份出台产业园评估认定办法对申报省市级人力资源服务产业园提出了相关标准要求。海南省、湖北省、江西省、南京市、苏州市等地出台了《人力资源服务产业园评估认定暂行办法》，对省市级人力资源服务产业园申报条件、认定程序、管理监督等方面做出了规定（如表8所示）。申请省级、市级产业园应具备产业链完整、管理机构健全、建筑载体具备一定规模、功能布局合理、信息化程度高、经济社会效益显著等条件。

硬件设施方面：一是园区应具备的建筑面积，其中国家级人力资源服务产业园一般为4万平方米以上，省市级人力资源服务产业园一般为5000到1万平方米以上，且布局科学、功能合理。二是基础设施完备，能满足入驻机构的需求。

业态规模方面：一是应具备一定的人力资源服务机构入驻数量，其中国家级人力资源服务产业园人力资源服务机构应不少于40家，省市级产业园人力资源服务机构一般不少于30家。二是业态完整。机构类型和服务项目比较丰富，形成较为完整的市场化人力资源服务产业链。三是有知名机构入驻，示范引领效果显著。

服务保障方面：一是应具备公共就业人才社保服务平台，以及工商注册、财政税收、投融资等服务功能。二是信息化平台建设完善，充分运用现代信息技术和网络技术等手段，搭建面向用人单位和各类人才的线上线下一体化服务平台，网络覆盖率达到80%以上。

政策规划方面：一是地方政府高度重视人力资源服务业发展，二是制定明确的行业及产业园发展目标和扶持政策，并纳入当地经济社会发展规划。

管理运营方面：一是要求具有明确管理运营机构，且机构健全，具备专职工作人员，二是制度完善、管理规范、运营高效。

经济效益方面：一是营业收入不低于一定规模，国家级人力资源服务产业园要求年营业收入不低于20亿元，省市级产业园要求年营业收入通常不低于10亿元，且发展均衡、增长态势明显。

社会效益方面：一是带动当地就业创业，要求入驻园区的人力资源服务机构参与各类就业创业公益活动，二是促进人才技能提升和人才引进，要求入驻机构参加技能人才培训提升计划，人才引进计划，促进人才引进配置的主渠道作用增强，社会认可度提高。

由以上分析可以得出，国家和地方对人力资源服务产业园评估相关文件既对已建成的人力资源服务产业园绩效评估考核工作提出要求，也对申报认定各级人力资源服务产业园提出了认定标准，主要从硬件设施、业态规模、服务保障、政策规划、管理运营、经济社会效益等几个维度进行综合评估。尽管申报认定属于事前评估，但其考核的指标和主要内容也为构建人力资源服务产业园评估指标体系提供了思路。

表9　各地人力资源服务产业园评估认定行办法相关要求

文件名	政府重视、制定政策规划	符合经济社会发展需求	业态完整	公共服务	建筑面积	管理运营	集聚效应显著	经济社会效益	信息化
海南省省级人力资源服务产业园评估认定办法（试行）	当地党委政府高度重视人力资源服务业发展，制定明确的发展目标和扶持政策，纳入当地经济社会发展规划和重点项目	与当地经济社会发展结构和产业布局的匹配度高，较好满足当地企业用人需求，对地方经济发展贡献度高	形成较为完整的市场化人力资源服务产业链	具备行政审批、公共就业服务、社会保险配套服务、档案管理、见习实习，以及政策咨询以及出入境签证、人才落户等公共人才和人才"一站式"服务和人才平台等功能	建筑面积不低于3000平方米，布局功能方案科学、设施齐全、完善，能够满足入驻机构的需求	管理机构健全、制度完善，运营高效	人力资源服务机构入驻数量不低于30家，园区内人力资源服务机构类型丰富，层次多样，有省内外知名企业入驻，示范引领效果明显，产业聚效应契合度高	年营业收入不低于10亿元，且发展势头均衡、增长态势明显、经济效益显著。入驻园区的人力资源服务机构广泛参与技能人才培训、"就业扶贫"等各类促进就业公益活动，促进人才引进作用强和人才引进渠道作用显著	园区已经建成门户网站，能够充分运用现代网络技术技术和手段，搭建信息等平台，有园内人才的线上和各单位向园区的线上线下一体化服务平台、网络配置人力资源比例达到80%以上
湖北省省级人力资源服务产业园认定暂行办法	当地党委政府高度重视人力资源服务业发展，制定明确的发展目标和扶持政策，纳入当地经济社会发展规划和重点项目	园区与当地经济社会发展结构和产业布局的匹配度高，较好满足当地企业用人需求，对地方发展贡献度高	形成较为完整的市场化人力资源服务产业链	具备就业创业服务，见习实习，档案管理，政策咨询等公共就业人才服务功能	建筑面积不低于3000平方米，布局方案科学、合理、完善，设备能够满足入驻机构的需求	管理机构健全，制度完善，运营高效	人力资源服务机构入驻数量不低于30家，入驻率占到园区总面积60%以上。园区内人力资源服务机构类型丰富，层次多样，有国内外知名人力资源服务企业入驻，示范引领效果明显，产业契合度高	整体园区年营业收入不低于10亿元，且发展态势明显均衡，增长态势明显，园区内人力资源服务机构广泛参与"我选湖北"计划，支能人才等振兴计划、外国优秀人才引进培增计划和"就业扶贫"等各类促进就业、创业公益活动，促进人才引进作用的主渠道作用强	人力资源服务产业园与"互联网+"信息化模式深度融合，充分运用现代信息技术等手段，搭建各类人才的线上和各单位向园区的线上线下一体化服务平台，网络配置人力资源比例达到80%以上

续表

文件名	政府重视、制定政策规划	符合经济社会发展需求	业态完整	公共服务	建筑面积	管理运营	集聚效应显著	经济社会效益	信息化
江西省省级人力资源服务产业园评估认定暂行办法	当地经济社会发展对人力资源服务需求较大，党委政府高度重视人力资源服务业发展，制定明确的发展目标和扶持政策，纳入当地经济社会发展规划和重点项目	园区符合全省人力资源产业园总体建设规划布局，具有明显的区域辐射作用和能力。入驻机构业务范围符合当地人力资源配置的需求及地方经济发展特点		功能较齐备，具备公共就业和人才、工商注册、财政税收、投融资等公共服务功能	园区人力资源服务机构建设使用场地建筑面积不低于5000平方米。设施较完善，能够为入驻机构提供必要的软硬件支持		园区入驻人力资源机构不少于30家。机构类型和服务项目比较丰富，形成较为完整的市场化人力资源服务产业链。入驻人力资源服务企业中，诚信等级省级"AA"级及以上的企业不少于10家，有省外知名人力资源服务企业入驻，示范引领效果明显，产业集聚效应显著	园区内人力资源服务企业年营业收入不低于5亿元，且具有较强增长态势	
南京市市级人力资源服务产业园建设管理办法(试行)			产业链条清晰，产业链构建均有核心企业示范引领，带动处于上中下游的企业集聚发展	服务平台健全，具备集聚、拓展、孵化、展示、交易等主要功能	产业园园区独立，核心载体建筑面积1万~2万平方米，基础设施完善，能够为入驻机构提供优质服务	园区为具有独立法人资质的企业，管理规范、体制健全，服务高效、运转顺畅	园区入驻率较高，已入驻人力资源服务机构的面积占可入驻总面积80%以上	经济效益突出，入驻企业向产业价值链高端攀升，园区年营业总收入达到15亿元，社会效益显著，促进就业和人才流动配置的主渠道作用作用强，社会认可度高	

续表

文件名	政府重视、制定政策规划	符合经济社会发展需求	业态完整	公共服务	建筑面积	管理运营	集聚效应显著	经济社会效益	信息化
苏州市市级人力资源服务产业园区认定办法	符合地方发展总体规划要求。人力资源服务业已纳入市（县）、区现代服务业整体发展规划	产业园区规划明确科学，有园区五年发展规划，区域定位清晰，发展方向明确，组织机构架构完整，保障措施有力		配套服务完备。园区及周边应能提供就业指导、金融、人才交流、培训和餐饮等配套服务	园区面积符合基本条件。独立产业园建筑面积一般在10000平方米以上；由一园多区组成的园区，核心区面积一般在5000平方米以上，多区总面积在12000平方米以上	明确营运管理机构。有专门运营管理机构，专职工作人员不少于3人，实行统一管理、规范化服务	集聚一定数量人力资源服务机构。原则上工商注册及税收在园区所在地，且具规模型企业不少于三分之一。独立产业园区，入驻（规划）的人力资源企业一般不少于30家；由一园多区组成的园区，入驻人力资源服务企业不少于40家。混合型园区（规划），区内人力资源服务企业，数量按要求，区内人力资源服务企业占比超过50%	营业收入达到基本要求。以人力资源服务外包、劳务派遣为主的园区，每年营业收入10亿元以上；以开展中高端人力资源服务为主的园区，服务收入超过2亿元	

资料来源：根据产业园所在省份相关政策文件资料整理。

2. 评估实践依据

（1）莫荣、杨洋（2015）对中国上海人力资源服务产业园自2010年运营以来的效果进行了评估，从产业园建设、政策与服务、经济效益、社会影响四个维度进行了评估，一级评估指标4个，二级评估指标15个，对上海园区的建设发展进行了定性和定量的评估（见表10）。

表10 2015年上海人力资源服务产业园评估指标

一级指标	二级指标	指标说明
园区建设	软硬件设施建设	设施建设完备，完成规划目标
	周边配套建设	交通便利，商业设施配套完善
	平台建设	包括公共服务平台、信息化建设平台在内建设完善
园区政策与服务	政策体系制定	制定有利于行业和园区长远发展的政策体系
	管理机构建设	建立健全的、分工明确、权责清晰的管理机构和日常服务机构
	日常服务满意度	入驻企业对园区日常服务满意度较高
园区经济效益	园区总产值、年增长率、占地区人力资源服务业总产值比重、园区单位面积产值	评估聚集程度、培育市场规模以及投入产出情况
	园区税收及年增长率	反映园区规模对社会的贡献
	园区入驻企业数量及变动	评估园区总体入驻企业规模，变动侧重于反映入驻企业流失率，流失率高代表存在问题
	园区入驻中小企业数量及成长性	园区具有孵化的功能，重点选择中小企业进行追踪考察，反映其入驻园区后的成长情况
	园区产业链完整性及业务创新	园区具有拓展服务、培育市场的功能，评估业态完整性以及在业务上的创新
园区社会影响	知名媒体报道次数	中央和省级以上媒体报道
	政策试点情况	人力资源服务标准化等相关政策在园区及园区内企业的试点次数
	企业人力资源部门对园区知晓度	通过随机抽样，获取对人力资源服务有需求的企业对园区的知晓度
	园区入驻名企数量	500强企业、规模企业、著名商标企业等入驻情况

经过评估发现上海产业园在平台建设、管理服务体制机制建设、经济和产业发展以及社会影响力建设等方面取得了较好的成绩，基本完成了相关规划目标。有效地发挥了产业集聚效应，营业收入和税收收入呈逐年上升趋势，年均增长率分别为75%和58.2%，产业园知名度和社会影响力显著。

该报告的评估指标体系多维度的定量与定性评估基本上反映了上海园区建成初期的运行情况和取得的初步成效。不足之处在于：一是园区评价维度不足，仅从园区建设、政策服务、经济效益、社会影响四个维度来评估反映上海园区建设发展的基本情况，具体业态的发展规模及构成情况指标、带动就业创业、人才引进等社会效益指标没有考虑进去。二是上海产业园的特色指标没有纳入园区评估指标内，如特色业态发展指标、入选上海企业名录指标、服务上海外资企业、战略新兴产业情况指标。三是未对指标进行具体解释说明，指标的计算方法、赋权、数据采集方法没有具体说明。

（2）劳科院课题组（2019）对中国上海人力资源服务产业园成立十年来的运营成效进行评估，建立评估指标体系。对上海产业园的园区建设、企业规模、经济效益、社会贡献、持续发展五个维度进行综合全面评估，评估指标体系包括5个一级指标、16个二级指标、60多个三级指标，全面反映上海产业园软硬件建设、运营管理、政策支持、服务保障、业态发展、经济社会效益等各方面情况。新版评估指标体系是在2015年版评估指标体系基础上的进一步调整和完善，保留延续了2015年版主要评估指标并进行细化，便于进行纵向比较。表10反映了2015年、2019年上海人力资源服务产业园评估一级、二级指标对比情况，从表10中可以看出，2019年评估指标保留了2015年版"园区建设""园区经济效益""社会影响"指标，现"持续发展"指标涵盖原"园区政策与服务"项下指标并增加了园区规划内容。新版指标增加了"企业规模"指标，全面反映了产业园内人力资源经营性业务的开展情况；"社会贡献"指标中还增加了"就业""人才"等二级指标，反映了产业园在促进就业创业、人才引进等方面取得的成效。

表11 上海人力资源服务产业园2015年、2019年评估指标比较

2015年评估指标		2019年评估指标	
一级指标	二级指标	一级指标	二级指标
园区建设	软硬件设施建设	园区建设	载体规模
	周边配套建设		配套设施
	平台建设		平台建设
园区政策与服务	政策体系制定	企业规模	业态
	管理机构建设		特色
	日常服务满意度		构成比重
园区经济效益	园区总产值、年增长率	经济效益	产值
	园区税收及年增长率		税收
	园区入驻企业数量及变动		融资能力
	园区入驻中小企业数量及成长性	社会贡献	就业
	园区产业链完整性及业务创新		人才
园区社会影响	知名媒体报道次数		产业驱动
	政策试点情况	持续发展	规划
	企业人力资源部门对园区知晓度		体制
			机制
	园区入驻名企数量		运营模式

（3）劳科院课题组（2018—2019）构建了中国重庆人力资源服务产业园服务评估指标体系。评估指标体系全面考核评估重庆产业园的"专业化服务""公共配套服务""市场化服务"等服务体系，并对"园区效益"进行评估，评估指标体系包括4个一级指标、23个二级指标、56个三级指标（见表12）。除产业园公共服务、市场化经营性服务评估外，更加突出园区提供的专业化服务评估，围绕重庆产业园的"两会—赛六平台"，设计出专业化服务评价体系，对专业化服务的参与度、实效性、满意度等进行全面评估。

表12 中国重庆人力资源服务产业园评估指标体系

一级指标	二级指标		三级指标	
专业化服务	1	西部人力资源服务博览会	1	参会单位数量
			2	参会人数
			3	达成意向和签约项目数量
	2	猎头行业发展峰会	4	参会单位数量
			5	参会人数
			6	园区意向签约引进猎头机构数量
	3	人力资源服务创新大赛	7	参赛项目数量
			8	观众人数
			9	达成意向和签约项目数量
	4	对外宣传平台	10	签约合作媒体数量
			11	新闻媒体报告次数
			12	公众号关注人数
	5	员工素质提升平台	13	举办培训班场次
			14	参加培训班员工人数
	6	园区交流平台	15	园区企业内部活动交流次数
	7	与区县政府和实体企业对接平台	16	对接区县政府数量
			17	对接企业及园区数量
	8	与全国人社系统、行业协会、产业园联系沟通平台	18	收集政府、协会、产业园信息条数
			19	对接的人社系统、协会、产业园数量
	9	电子交易平台（简写）	20	电子平台成交量
	10	满意度	21	专业化服务满意度
公共配套服务	11	公共服务	22	园区内办理行政许可、就业服务、人才服务、档案服务、社保服务等人社公共服务是否齐全
			23	公共服务范围：全市、渝北区、产业园
	12	信息化服务	24	园区网络智能化覆盖率
	13	硬件设施及配套服务	25	园区总建筑面积
			26	公共会议室、培训教室、路演室等数量

一级指标	二级指标		三级指标	
公共配套服务	13	硬件设施及配套服务	27	引进银行、财务、法律、信息软件等配套机构数量
			28	园区内食堂、餐厅、超市数量
			29	园区周边公交、地铁、班车线路数量
			30	人才公寓、职工宿舍建筑面积
	14	满意度	31	公共配套服务满意度
市场化服务	15	网络招聘服务	32	数据库现存求职信息总量条数
	16	劳务派遣服务	33	服务用人单位
			34	派遣人员总量
	17	人力资源管理咨询服务	35	管理咨询服务用人单位数
	18	人力资源服务外包	36	服务外包服务用人单位数
	19	人力资源培训服务	37	举办培训班（次）
	20	高级人才寻访	38	成功引进人才数（年薪30万元以上）
			39	人才数据库储备
园区效益	21	经济效益	40	园区营业总收入增长率
			41	园区人力资源机构营业收入增长率
			42	园区单位面积产值
			43	园区税收年增长率
			44	园区单位面积税收
			45	园区入驻企业年利润
			46	园区入驻企业平均利润率
			47	园区入驻企业营收/补贴返奖总额
			48	园区入驻企业税收/补贴返奖总额
			49	园区入驻人力资源服务企业数量占比
			50	引进国际国内知名人力资源服务企业数量占比
			51	培育骨干企业数量
	22	社会效益	52	通过园区企业帮助实现就业和流动人员数
			53	引进高层次人才数量

续表

一级指标	二级指标		三级指标	
园区效益	22	社会效益	54	园区参与帮扶贫困户数量
			55	园区帮扶下岗失业人员再就业数量
	23	行业影响力	56	知名媒体报道次数

重庆人力资源服务产业园服务评估指标体系针对园区服务工作进行效果评估，制定系统完善的评估指标，提出相应的评估方法和手段，与人力资源服务产业园综合性评估有所不同：一是评估重点突出园区各项服务工作，包括公共服务、市场化服务、专业化服务，园区其他活动不在评估范围内，难以反映人力资源服务产业园的全貌；二是评估对象和评估角度不同，服务评估对象针对产业园管理服务部门，评估其工作的效果，而产业园评估对象不仅包括对管理服务部门，还包括对入驻企业、服务对象、上下游企业、园区主管部门等主体进行评估，因此需要在服务评估指标体系基础上补充完善建立反映园区全貌的评估指标体系。

（4）现有评估研究述评。目前关于人力资源服务产业园评估的相关文献较少，综合国家级人力资源服务产业园管理办法、各地出台的人力资源服务产业园评估认定办法，以及现有人力资源服务产业园评估相关研究来看，存在以下不足：国家和部分地方出台的产业园认定评估办法仅从申报和认定角度对园区提出了标准要求，而对已建成并运营园区的系统性评估体系还未涉及；缺乏可持续发展的评估机制，以产业园的收入、税收等的绝对值而非增量作为考核指标，忽视了产业园的能动作用和后发优势，造成人力资源服务业发达地区产业园排名遥遥领先，指标设计不合理；评估指标体系设计不够全面系统深入，更加注重经济效益评估，如税收和营收等经济效益指标，但忽视了产业园带来的社会效益，如创造了多少就业岗位，帮扶创业孵化成功率等；评估工作的组织实施方法、工作流程还未涉及，包括评估的样本选取、问卷调查发放、评估对象选取等问题。因此，急需建立一套综合性系统性评估指标体系，对人力资源服务产业园进行综合性系统性评估研究，为国家和地方政府指导评价产业园发展提供依据，也为园区管理部门和运营机构规范化管理提供依据。

3. 小结

以上分别对人力资源服务产业园评估的理论依据、政策依据、实践依据几个方面进行了综合分析。其中理论分析得出：人力资源服务产业园是以人力资源服务为核心，以促进人力资源有效开发与优化配置为方向，在特定区域内，实行产业鼓励政策，由政府相关部门、派出机构或企业进行规划、建设、管理，由大量人力资源服务企业及配套机构在空间上集聚而成的经济发展模式。人力资源服务产业园发展有其内在的政策、区位、集聚、技术、网络五大构成要素，综合形成园区良性发展的动力，具有引领示范、拓展业态、集约服务、推进创新、政策实践五大功能作用。

相关政策分析得出：《人力资源服务业发展行动计划》提出"总结园区平台建设、管理服务、机制创新、服务创新等方面的成效与经验"。《国家级人力资源服务产业园管理办法（试行）》评估考核内容包括"平台建设、政策体系、管理运营、服务保障、经济社会效益等方面"。申报设立国家级人力资源服务产业园，原则上应符合以下条件：有科学的规划论证、有一定的建筑面积、有一定的聚集规模、有完善的运营管理、有一系列的扶持政策。各地人力资源服务产业园评估认定办法要求申请省市级产业园应具备产业链完整、管理机构健全、建筑载体具备一定规模、功能布局合理、信息化程度高、经济社会效益显著等条件。

评估实践分析得出：上海人力资源服务产业园评估指标主要包括园区建设、企业规模、经济效益、社会贡献、持续发展五个维度；重庆人力资源服务产业园服务评估指标体系主要包括专业化服务、公共配套服务、市场化服务、园区效益四个维度，其中更加突出园区提供的专业化服务评估，对专业化服务的参与度、实效性、满意度等进行全面评估。

人力资源服务产业园评估指标体系将以相关理论基础、政策文件、评估实践为依据构建人力资源服务产业园评估指标体系框架、选取各级评估指标、制定评估方法和评估流程。

（二）评估指标体系设计原则

1. 综合性原则

人力资源服务产业园是由人力资源服务企业、管理部门、服务对象不同主体，以及服务、政策、技术、信息等不同要素组成的产业发展生态体系。从影响因素看，园区软硬件建设、公共配套服务、业务规模、经营管理、政策保障等因素都对产业园运行效果产生影响，因此要对人力资源服务产业园进行全面评估，构建全方位、多角度的评估指标。

2. 科学性原则

评估指标体系应公平、客观、可信，一是指标的选取应充分反映产业园真实发展质量和水平，且具有导向功能，即引导产业园在战略规划、商业模式、服务管理、政策保障等方面的变革和创新；二是指标选取实现过程性指标和结果性指标、定量指标与定性指标相结合，在内容、范围、计量单位等方面没有歧义；三是运用科学的数学模型和评价方法，评价的基础数据可靠和真实。

3. 可比性原则

评估指标要保证口径一致、相互可比，便于不同人力资源服务产业园之间横向比较和同一产业园不同时期的纵向比较；总量指标和相对指标相结合，既反映产业园发展规模和水平，又可反映发展速度和质量。

4. 可操作原则

评估指标选择概念清晰、容易界定的指标，指标数据尽量与政府统计、行业统计等现有的数据衔接，新指标应定义明确，便于数据采集处理。

三、评估指标选取及体系构建

（一）指标维度的确定

在文献整理分析、实地调研、专家咨询的基础上，根据人力资源服务产业园评估的理论基础、相关政策、评估实践，结合产业园实际情况特点，遵循综合型、科学性、可比性、可操作性的原则，构建了反映人力资源服务产业园全貌的指标体系总体框架。人力资源服务产业园评估指标体系由"平台建设""业务规模""服务保障""政策管理""经济效益""社会效益"共六大维度构成，这些维度与国家和各地产业园的评估维度基本吻合，部分指标进行了扩充、合并与调整：如"平台建设"将原有"硬件设施"指标进行了扩充，除硬件载体设施外，还增加了服务配套内容；由于"政策规划"细化指标较少，且"政策规划"与"管理运营"评估对象均为产业园管理部门，因此将原有"政策规划"与"管理运营"指标合并为"政策管理"；原有"经济社会效益"指标细化指标较多，故拆分成"经济效益""社会效益"两个指标。

（二）指标体系的构建

通过对人力资源服务产业园的实地调查，以及对园区管理部门、入驻企业代表、专家学者对评估指标征求意见，反复指标筛选和修订并最终确定了评估指标体系。人力资源服务产业园评估指标体系由"平台建设""业务规模""服务保障""政策管理""经济效益""社会效益"共6个一级指标、"载体规模"等18个二级指标、"园区总建筑面积"等64个三级指标构成（详见表13），全面反映了产业园的综合情况。

表13 人力资源服务产业园评估指标

一级指标	二级指标	三级指标
1.平台建设	1.载体规模	1.园区总建筑面积
		2.人力资源服务机构占地面积
	2.配套设施	3.公共会议室、培训教室、路演室等数量
		4.引进银行、财务、法律等配套机构数量
		5.园区内食堂、餐厅、超市等数量
		6.园区内人才公寓、职工宿舍建筑面积
		7.园区周边公交、地铁、班车线路数量
		8.硬件建设配套设施满意度

续表

一级指标	二级指标	三级指标
2.业务规模	3.经营服务	9.园区人力资源服务机构举办现场招聘会的总场次数
		10.园区人力资源服务机构数据库现存岗位信息数
		11.园区人力资源服务机构数据库现存求职信息数
		12.劳务派遣服务用人单位
		13.劳务派遣人员总量
		14.人力资源管理咨询服务用人单位数
		15.人力资源服务外包服务用人单位数
		16.举办培训班次数
		17.参加培训人员数量
		18.参加人力资源测评人数
	4.构成比重	19.园区入驻全部企业机构数量
		20.园区入驻人力资源服务机构数量
		21.园区内知名企业机构数量
		22.人力资源服务业骨干企业数量
		23.中高端业态企业数量
	5.业务特色	24."互联网+"等新兴业态企业数量
		25.人力资源服务产品研发创新数量
		26.知名品牌数量
3.服务保障	6.公共服务	27.是否设立综合服务平台，提供行政审批等一站式公共服务
		28.园区公共服务项目数量
		29.公共服务满意度
	7.信息化服务	30.园区网络智能化覆盖率
		31.园区是否建设信息服务平台
		32.园区机构建有人才库、需求库等相关数据库数量
		33.园区信息化智能化服务满意度
	8.金融服务	34.是否搭建园区投融资平台
		35.是否建立人力资源产业基金，支持园区发展
		36.是否引入社会资本参与园区公共服务、基础设施建设

一级指标	二级指标	三级指标
3.服务保障	9.特色服务	37.园区品牌服务项目（如产业对接、素质提升、宣传推广等服务）数量
		38.园区品牌特色服务满意度
4.政策管理	10.发展规划	39.是否有明确的发展规划，执行较好
	11.政策体系	40.是否出台了产业园扶持促进政策
		41.政策覆盖率
		42.政策知晓度
		43.政策受益率
		44.政策满意度
	12.管理运营	45.是否有稳定的管理运营机构
		46.管理机构组织架构合理、部门分工明确、相互配合
		47.园区各项规章制度是否健全
		48.是否与专业化实力雄厚的园区运营公司合作
		49.园区管理运营公司管理服务满意度
5.经济效益	13.产值规模	50.园区人力资源机构营业收入
		51.园区人力资源机构营业收入同比增长率
		52.园区单位面积产值
	14.税收贡献	53.园区企业纳税总额
		54.园区单位面积税收
6.社会效益	15.就业创业	55.帮扶实现就业和流动人数
		56.园区参与扶贫项目企业数量
		57.为高校毕业生提供就业岗位数量
	16.人才引进	58.引进高层次人才数量
		59.园区内新增猎头企业数量
	17.产业驱动	60.园区上市公司数量
		61.园区孵化培育成功企业数量
		62.园区企业研发中心数量
		63.服务当地战略新兴产业企业数量
	18.诚信建设	64.诚信人力资源服务机构数量

　　"平台建设"用于评价产业园载体的建设规模，以及办公、商务、餐饮、住宿、交通等服务配套设施，为企业和员工提供良好的办公生活环境。包括2个二级指标："载体规模"和"配套设施"。其中"载体规模"下设2个三级指标："园区建筑面积"和"人力资源服务机构占地面积"，分别从园区总体面积、人力资源服务核心载体面积两个维度评价园区载体规模。"配套设施"下设5个三级指标："公共会议室、培训教室、路演室等数量""引进银行、财务、法律等配套机构数量""园区内食堂、餐厅、超市等数量""园区人才公寓、职工宿舍建筑面积""园区周边公交、地铁、班车线路数量"，分别从办公配套、商务配套、餐饮配套、住宿配套、交通配套等维度衡量园区配套设施情况。

　　"业务规模"评价产业园市场化经营性服务主要业态的规模体量、结构比重、服务特色等，属于园区核心业务内容。包括3个二级指标："经营服务""构成比重""业务特色"。其中"经营服务"衡量招聘、派遣、咨询、外包、培训、测评等人力资源经营性服务规模，下设10个三级指标："园区人力资源服务机构举办现场招聘会的总场次数""园区人力资源服务机构数据库现存岗位信息数""园区人力资源服务机构数据库现存求职信息数""劳务派遣服务用人单位""劳务派遣人员总量""人力资源管理咨询服务用人单位数""人力资源服务外包服务用人单位数""举办培训班次数""参加培训人员数量""参加人力资源测评人数"。"构成比重"衡量园区引进机构的质量和水平，具有知名度和发展潜质的人力资源机构情况，下设5个三级指标："园区入驻全部企业机构数量""园区入驻人力资源服务机构数量""园区内知名企业机构数量""人力资源服务业骨干企业数量""中高端业态企业数量"。"业务特色"衡量产业园服务产品创新、科技研发等方面的情况，下设3个三级指标："'互联网+'等新兴业态企业数量""人力资源服务产品研发创新数量""知名品牌数量"。

　　"服务保障"评价产业园提供的公共人力资源服务及信息化服务、金融服务、特色服务等配套服务保障情况。包括4个二级指标："公共服务""信息化服务""金融服务""特色服务"。其中"公共服务"评价产业园提供的行政许可、就业人才、社保代理等公共人力资源服务情况，下设3个三级指标："是否设立综合服务平台，提供行政审批等一站式公共服务""园区公共服务项目数量""公共服务满意度"。"信息化服务"衡量园区提供的信息服务平台和数据分析处理等服务情况，下设4个三级指标："园区网络智能化覆盖率""园区是否建设信息服务平台""园区机构建有人才库、需求库等相关数据库数量""园区信息化智能化服务满意度"。"金融服务"衡量为园区建设发展提供资金支持以及为入驻企业提供投融资便利的金融服务，下设3个三级指标："是否搭建园区投融资平台""是否建立人力资源产业基金，支持园区发展""是否引入社会资本参与园区公共服务、基础设施建设"。"特色服务"衡量园区为入驻企业展示交易、推广宣传、素质提升等提供的专业化特色服务等，下设2个三级指标："园区品牌服务项目数量""园区品牌特色服务满意度"。

"政策管理"评价产业园规划设计、政策体系、组织架构、管理模式和运营模式，是产业园运营的政策组织保障。二级指标包括："发展规划""政策体系""管理运营"。其中"发展规划"评价园区发展目标方向是否明确、可持续，下设1个三级指标："是否有明确的发展规划、执行较好"。"政策体系"评价园区对入驻企业的政策优惠力度和扶持效果，下设5个三级指标："是否出台了产业园扶持促进政策""政策覆盖率""政策知晓度""政策受益率""政策满意度"。"管理运营"评价园区管理运营机制运营效果，下设5个三级指标："是否有稳定的管理运营机构""管理机构组织架构合理、部门分工明确、相互配合""园区各项规章制度是否健全""是否与专业化实力雄厚的园区运营公司合作""园区管理运营公司管理服务满意度"。

"经济效益"评价产业园推动人力资源服务行业发展的贡献，包括产出水平、土地效益、税收贡献等方面，包括2个二级指标："产值规模"和"税收贡献"。其中"产值规模"评价园区人力资源服务机构发展的规模速度和效率，包括3个三级指标："园区人力资源机构营业收入""园区人力资源机构营业收入同比增长率""园区单位面积产值"。"税收贡献"评价园区发展税收贡献，包括2个三级指标："园区企业纳税总额""园区单位面积税收"。

"社会效益"评价产业园在促进就业创业、培养引进人才、提高劳动者技能、产业促进等方面发挥的积极贡献，包括4个二级指标："就业创业""人才引进""产业驱动""诚信建设"。其中"就业创业"评价园区带动当地就业创业工作发挥的作用，包括3个三级指标："帮扶实现就业和流动人数""园区参与扶贫项目企业数量""为高校毕业生提供就业岗位数量"。"人才引进"评价园区企业为当地人才引进培养发挥的作用，包括2个三级指标："引进高层次人才数量""园区内新增猎头企业数量"。"产业驱动"评价园区在助推产业升级变革方面发挥的作用，包括4个三级指标："园区上市公司数量""园区孵化培育成功企业数量""园区企业研发中心数量""服务战略新兴产业企业数量"。"诚信建设"评价园区在推动行业诚信化规范化发展方面发挥的作用，包括1个三级指标："诚信人力资源服务机构数量"。

（三）指标解释及数据来源

（1）"园区总建筑面积"：指报告期末独立产业园建筑面积，或一园多区、一区多园建筑面积总和。数据采集途径为产业园管理部门统计获得。

（2）"人力资源服务机构占地面积"：指报告期末园区内全部公共及经营性人力资源服务机构固定服务场所建筑面积。数据采集途径为产业园管理部门统计获得。

（3）"公共会议室、培训教室、路演室等数量"：指报告期末园区内公共会议室、培训教室、路演室、多功能厅、报告厅等共享办公活动场所数量。数据采集途径为产业园管理部门统计获得。

（4）"引进银行、财务、法律等配套机构数量"：指报告期末园区引进的银行、财务、法律、金融、保险等商务配套服务机构数量。数据采集途径为产业园管理部门统计获得。

（5）"园区内食堂、餐厅、超市等数量"：指报告期末园区内餐饮、商超等生活配套设施数量。数据采集途径为产业园管理部门统计获得。

（6）"园区人才公寓、职工宿舍建筑面积"：指报告期末园区提供的人才公寓、职工宿舍等配套住房建筑面积。数据采集途径为产业园管理部门统计获得。

（7）"园区周边公交、地铁、班车线路数量"：指报告期末园区方圆1公里内公交、地铁、班车等公共交通线路数量。数据采集途径为产业园管理部门统计获得。

（8）"园区硬件建设配套设施满意度"：指园区入驻企业和求职者对产业园硬件设施和配套的满意程度，分为5个档次，按照由低到高分别记1～5分。采集途径为通过调查问卷结果填报。

（9）"园区人力资源服务机构举办的现场招聘会的总场次数"：指报告期内园区内人力资源服务机构所举办的现场招聘会的总场次数。数据采集途径为园区内人力资源企业机构填报汇总获得。

（10）"园区人力资源服务机构数据库现存岗位信息数"：指报告期末从事人力资源服务的服务机构数据库中的岗位需求信息现存数量。数据采集途径为园区内人力资源企业机构填报汇总获得。

（11）"园区人力资源服务机构数据库现存求职信息数"：指报告期末从事人力资源服务的服务机构数据库中的求职人员简历现存数量。数据采集途径为园区内人力资源企业机构填报汇总获得。

（12）"劳务派遣服务用人单位"：指报告期末园区内委托人力资源服务机构提供劳务派遣服务用人单位数量。数据采集途径为园区内人力资源企业机构填报汇总获得。

（13）"劳务派遣人员总量"：指报告期末园区内人力资源服务机构实际派遣的人员数量。数据采集途径为园区内人力资源企业机构填报汇总获得。

（14）"人力资源管理咨询服务用人单位数"：指报告期内人力资源服务机构开展人力资源咨询业务所服务的单位总数。数据采集途径为园区内人力资源企业机构填报汇总获得。

（15）"人力资源服务外包服务用人单位数"：指报告期内人力资源服

务机构开展人力资源外包业务所服务的单位总数。数据采集途径为园区内人力资源企业机构填报汇总获得。

（16）"举办培训班次数"：指报告期内人力资源服务机构举办人力资源培训班的总次数。数据采集途径为园区内人力资源企业机构填报汇总获得。

（17）"参加培训人员数量"：指报告期内参加人力资源服务机构举办的培训班的总人次数。数据采集途径为园区内人力资源企业机构填报汇总获得。

（18）"参加人力资源测评人数"：指报告期内人力资源服务机构组织开展人员测评被测评者的总人次数。数据采集途径为园区内人力资源企业机构填报汇总获得。

（19）"园区入驻全部企业机构数量"：指报告期末园区内人力资源服务机构及各类配套企业机构数量总和。数据采集途径为产业园管理部门统计获得。

（20）"园区入驻人力资源服务机构数量"：指报告期末园区内全部公共及经营性人力资源服务机构数量总和。数据采集途径为产业园管理部门统计获得。

（21）"园区内知名企业机构数量"：指报告期末园区内世界人力资源服务100强、大中华区50强知名企业机构数量。数据采集途径为产业园管理部门统计获得。

（22）"人力资源服务业骨干企业数量"：指报告期末园区内入选本省市人力资源服务业十大骨干企业的企业数量。数据采集途径为产业园管理部门统计获得。

（23）"中高端业态企业数量"：指报告期末园区内主营人力资源服务外包、管理咨询、人才测评、职业社交网站、高级人才寻访等业态的企业数量①。数据采集途径为产业园管理部门统计获得。

（24）"'互联网+'等新兴业态企业数量"：指报告期末园区内主营应

① 孙建立：《人力资源服务迎来新契机》，《人民日报》2018年4月18日。

用大数据、云计算等现代信息技术与人力资源服务业的融合的企业数量。数据采集途径为产业园管理部门统计获得。

（25）"人力资源服务产品研发创新数量"：人力资源服务产品研发创新包括原创类和应用类项目，原创类项目指项目申报单位拥有项目的自主知识产权，或对项目的研发投入超过50%，已进行公开测试或已正式对外发布并投入使用；应用类项目指项目的自主知识产权归申报单位的关联母公司所有，已应用推广。指报告期内园区人力资源服务机构人力资源服务产品研发创新数量。数据采集途径为园区内人力资源企业机构填报汇总获得。

（26）"知名品牌数量"：指报告期末园区内人力资源服务机构获得省市人力资源服务业知名品牌数量。数据采集途径为园区内人力资源企业机构填报汇总获得。

（27）"是否设立综合服务平台，提供行政审批等一站式公共服务"：指标分为2个档次，设立记3分，没有设立不计分。数据采集途径为产业园管理部门统计获得。

（28）"园区公共服务项目数量"：指报告期末园区内提供的工商、税务、就业、社保、人事人才等公共服务项目数量。数据采集途径为产业园管理部门统计获得。

（29）"公共服务满意度"：指园区入驻企业和求职者对产业园公共服务的满意程度，分为5个档次，按照由低到高分别记1–5分。采集途径为通过调查问卷结果填报。

（30）"园区网络智能化覆盖率"：指报告期末园区无线网络覆盖面积与园区建筑面积比率。数据采集途径为产业园管理部门统计获得。

（31）"园区是否建设信息服务平台"：指标分为2个档次，设立记3分，没有设立不计分。数据采集途径为产业园管理部门统计获得。

（32）"园区机构建有人才库、需求库等相关数据库数量"：指报告期末园区内人力资源机构搭建的人才库、企业库、专家库、机构库等数量。数据采集途径为园区内人力资源企业机构填报汇总获得。

（33）"园区信息化智能化服务满意度"：指园区入驻企业和求职者对

产业园信息化智能化服务的满意程度，分为5个档次，按照由低到高分别记1~5分。采集途径为通过调查问卷结果填报。

（34）"是否搭建园区投融资平台"：指标分为2个档次，搭建记3分，没有搭建不计分。数据采集途径为产业园管理部门统计获得。

（35）"是否建立人力资源产业基金、支持园区发展"：指标分为2个档次，建立记3分，没有建立不计分。数据采集途径为产业园管理部门统计获得。

（36）"是否引入社会资本参与园区公共服务、基础设施建设等"：指标分为2个档次，引入记3分，没有引入不计分。数据采集途径为产业园管理部门统计获得。

（37）"园区品牌服务项目数量"：指报告期末园区搭建的产业对接、素质提升、宣传推广等专业化品牌化服务项目数量。数据采集途径为产业园管理部门统计获得。

（38）"园区品牌特色服务满意度"：指园区入驻企业和求职者对产业园品牌特色服务满意程度，分为5个档次，按照由低到高分别记1~5分。采集途径为通过调查问卷结果填报。

（39）"是否有明确的发展规划，执行较好"：指标分为2个档次，执行记3分，没有执行不计分。数据采集途径为产业园管理部门统计获得。

（40）"是否出台了产业园扶持促进政策"：指标分为2个档次，出台记3分，没有出台不计分。数据采集途径为产业园管理部门统计获得。

（41）"政策覆盖率"：指报告期内园区内有资格享受优惠政策的企业与全部企业数量之比。数据采集途径为产业园管理部门统计获得。

（42）"政策知晓度"：指报告期内了解园区各项优惠政策的企业数量与全部企业数量之比。采集途径为通过调查问卷结果填报。

（43）"政策受益率"：指报告期内已享受到园区优惠政策的企业数量与全部企业数量之比。采集途径为通过调查问卷结果填报。

（44）"政策满意度"：指园区入驻企业和求职者对产业园相关政策的满意程度，分为5个档次，按照由低到高分别记1~5分。采集途径为通过调查问卷结果填报。

（45）"是否有稳定的管理运营机构"：指标分为2个档次，有稳定的管理运营机构记3分，没有稳定的管理运营机构不计分。数据采集途径为产业园管理部门统计获得。

（46）"管理机构组织架构是否合理、部门分工明确、相互配合"：指标分为2个档次，合理记3分，不合理不计分。数据采集途径为产业园管理部门统计获得。

（47）"园区各项规章制度是否健全"：指标分为2个档次，健全记3分，不健全不计分。数据采集途径为产业园管理部门统计获得。

（48）"是否与专业化实力雄厚的园区运营公司合作"：指标分为2个档次，有合作记3分，没有合作不计分。数据采集途径为产业园管理部门统计获得。

（49）"园区管理运营公司管理服务满意度"：指园区入驻企业和求职者对产业园管理服务的满意程度，分为5个档次，按照由低到高分别记1～5分。采集途径为通过调查问卷结果填报。

（50）"园区人力资源机构营业收入（含代收代付）"：指报告期内园区内人力资源服务机构从事人力资源服务及配套服务全年经营收入之和（此项收入应包括劳务派遣、薪酬外包服务等代收代付的业务收入）。统计营业收入方法主要有：以统计核算范围确定的营业收入。纳入统计核算范围的年营业收入是指：园区内企业及其下属控股企业和分支机构上一个会计年度汇算清缴完毕后在本市（区）形成的营业收入。统计范围：一是只包含规模以上企业的年营业收入，由于小规模企业年营业收入在规定标准以下，所以不纳入统计核算范围内。二是只包括总部职能企业、子公司、独立核算分公司营业收入，由于非独立核算分公司营收和税收在总部统计和缴纳，因此不包括到统计范围内。该统计方法未将小微企业和非独立核算的分公司列入统计范围，因此会低估产业园的营业收入。以税务统计核算的营业收入。纳税总额是指：企业及其下属控股企业和分支机构上一个会计年度汇算清缴完毕后在本市（区）形成的纳税总额，产业园企业缴纳税收包括增值税、企业所得税、个人所得税（含员工部分和代收代付部分）、附加税。从纳税总额难以精准推算和反映出园区营业收入。园区统计营业收入。根据园区企业上报汇总统计，苏州等人力资源服务产业园采取此统计方法。但此种方法需要对企业营业收入统计范围进行界定，例如企业总部在苏州市，在产业园设立分子公司如何计算营收范围。由于以上三种统计方法均存在不足，因此建议园区明确统计方法和统计口径：在企业所在地只限园区情况，统计园区内业务范围的营业收入；总部在市内、分子公司在产业园情况，由于园区政策范围扩展到市内公司总部，因此统计范围包括园区内业务收入和市内总部营业收入；营业收入应包括派遣、外包服务等代收代付部分。数据采集途径为园区内人力资源企业机构填报汇总获得。

（51）"园区人力资源机构营业收入同比增长率"：指报告期内园区内人力资源服务机构全年营业收入增加额相对上年营业收入总额的比率。数据采集途径为园区内人力资源企业机构填报汇总获得。

（52）"园区单位面积产值"：指报告期内园区内人力资源服务机构全年营业收入与园区建筑面积之比。数据采集途径为产业园管理部门统计获得。

（53）"园区企业纳税总额"：指报告期内园区内人力资源机构全年缴纳的增值税、企业所得税、个人所得税（含员工部分和代收代付部分）、附加税等（全口径统计）。数据采集途径为园区内人力资源企业机构填报汇总获得。

（54）"园区单位面积税收"：指报告期内园区人力资源服务机构全年纳税总额与园区建筑面积之比。数据采集途径为产业园管理部门统计获得。

（55）"帮助实现就业和流动人数"：指报告期内园区内人力资源机构推荐成功实现就业、再就业或工作转换的人数。数据采集途径为园区内人力资源企业机构填报汇总获得。

（56）"园区参与扶贫项目企业数量"：指报告期末参与助力脱贫攻坚的园区内人力资源服务企业数量。数据采集途径为园区内人力资源企业机构填报汇总获得。

（57）"为高校毕业生提供就业岗位数量"：指报告期内园区人力资源机构为高校毕业生提供的就业岗位数量。数据采集途径为园区内人力资源企业机构填报汇总获得。

（58）"引进高层次人才数量"：指报告期内园区人力资源服务机构通过猎头服务成功引进具有研究生学历或具有高级专业技术职务(资格)人员数量。数据采集途径为园区内人力资源企业机构填报汇总获得。

（59）"园区内新增猎头企业数量"：指报告期内园区新增主要从事猎头业务的企业数量。数据采集途径为产业园管理部门统计获得。

（60）"园区上市公司数量"：指报告期末园区在证交所上市的股份有限公司数量（含新三板）。数据采集途径为产业园管理部门统计获得。

（61）"园区孵化培育成功企业数量"：孵化培育成功通常为孵化一年以上，以孵化项目组建公司或以孵化项目作价入股与他人合作组建公司；通过技术转移由他人实施的。指报告期内园区孵化培育成功的人力资源服务企业数量。数据采集途径为产业园管理部门统计获得。

（62）"园区企业研发中心数量"：指报告期末园区内人力资源服务机构拥有研发中心数量。数据采集途径为产业园管理部门统计获得。

（63）"服务战略新兴产业企业数量"：指报告期内园区人力资源服务机构开展各项人力资源服务活动服务于当地战略新兴产业的企业数量。数据采集途径为园区内人力资源企业机构填报汇总获得。

（64）"诚信人力资源服务机构数量"：指报告期内入选省市诚信人力资源服务机构的园区内人力资源服务机构数量。数据采集途径为产业园管理部门统计获得。

（四）指标权重的确定

依据"指标分类考核，综合评判园区"的原则，通过上述建立的服务指标体系，将不同层次的指标进行赋权，同时将三级指标完全量化，建立"人力资源服务产业园评估模型"。产业园评估指标体系的权重采用专家打分德尔菲法，通过匿名方式征询有关专家意见，专家凭借自己的经验给出各指标的权重，然后对专家意见进行统计和归集。再将统计结果反馈给专家，专家根据反馈结果修正自己的意见，经过多轮匿名征询和意见反馈，形成最终指标权重结论。

专家组成员的选择来自各地人力资源服务产业园负责人员5人、产业园领域专家学者3人，具有较好的代表性和专业性。专家组成员熟悉人力资源服务产业园的建设发展、运营管理、政策制度、服务保障等实际运行情况，并通过评估指标的权重反映出来。同时，专家组对评估指标的选择、数据的采集途径、评分标准等也提出了意见。根据专家打分的结果在指标权重中位数的基础上，建立了最终人力资源服务产业园评估指标体系（见附表1）。

四、评分细则及评估等级

（一）评分细则

人力资源服务产业园评估采用"打分制"的方法，对各类指标进行打分评估，分类指标的评估结果可作为园区各项工作的考核依据，综合指标评估结果可作为园区每年发展的评估参考。评分采取五分制，以1～5分划分5个档次，最高档次是5分，最低档是1分。各档位分值选取参照国家级产业园管理办法和各地认定办法规定标准，并根据现有人力资源服务产业园的相关数据进行统计分析，使分值的分布尽量满足正态分布。3分取值通常为各地产业园相同指标数据的中位数，得1分和5分的为极少数的人力资源服务产业园（详细评分细则见附表2）。下面以不同类型指标评分为例解释评分细则。

定量指标评分，如"园区总建筑面积"：经过对国家和地方对产业园认定标准，及现有产业园调查结果发现，省市级园区面积通常要求在1万平方米以上，国家级园区面积要求在4万平方米以上，因此将1万平方米作为最低标准，4万平方米作为最高标准。区间为左闭右开区间，即包括最小取值，不包含最大取值，例如，2万平方米取值3分。

表14　园区总建筑面积定量指标评分

1分	2分	3分	4分	5分
1万平方米以下	1万~2万平方米（含1万平方米）	2万~3万平方米（含2万平方米）	3万~4万平方米（含3万平方米）	4万平方米及以上

定性指标评分，一是"硬件设施配套等满意度"取值，"不满意"为1分，"一般"为2分，"较满意"为3分，"满意"为4分，"非常满意"为5分，依次赋值。二是"是否设立综合服务平台"等问题，"是"为3分，"否"不计分，"是"记3分而不是5分的原因为仅代表满足基本条件。

根据评分细则和指标权重计算，产业园评估总分最高分为4.724分，最低分为0.862分。其中"平台建设"最高分为0.5分，最低分为0.1分；"业务规模"最高分为1.5分，最低分为0.3分；"服务保障"最高分为0.98分，最低分为0.19分；"政策管理"最高分为0.744分，最低分为0.072分；"经济效益"最高分为0.5分，最低分为0.1分；"社会效益"最高分为0.5分，最低分为0.1分（见表15）。

表15　人力资源服务产业园指标分值

	权重	最高分	最低分
平台建设	0.1	0.5	0.1
业务规模	0.3	1.5	0.3
服务保障	0.2	0.98	0.19
政策管理	0.2	0.744	0.072
经济效益	0.1	0.5	0.1
社会效益	0.1	0.5	0.1
总　分	1	4.724	0.862

（二）评估等级

人力资源服务业产业园评估满分为4.724分，由高到低依次划分为5个等级：非常优秀，得分在4分及以上；优秀，得分在3.5分及以上4分以下；合格，得分在3分及以上3.5分以下；基本合格，得分在2.5分及以上3分以下；不合格，得分在2.5分以下（见表16）。

表16　人力资源服务产业园评估等级划分

0.862～2.5分	2.5～3分	3～3.5分	3.5～4分	4～4.724分
不合格	基本合格	合格	优秀	非常优秀

五、评估方法及评估流程

(一)评估对象

为保证评估口径的一致性和可比性,前期可在国家级人力资源服务产业园进行试点,由于国家级产业园建设较早,管理规范、政策完善、数据齐全,可确保评估工作的可操作性和评估结果的客观性、公平性和实效性。参加评估的国家级产业园应具备的条件:园区已开园运营一年以上,并建立起园区统计台账,园区诚信经营、无违法行政处罚等情形。

后期实行分级分类评价,根据人力资源服务产业园发展的规模、阶段划分为国家级、省级、市级产业园;根据产业园所处区域划分为东部沿海产业园、中部产业园、西部产业园;根据产业不同类型划分为综合性产业园和专业化产业园等划分方法进行分级分层评估。

(二)评估机构

国家级人力资源服务产业园采取年度自评,每三年由人社部组织评估的方法。人力资源和社会保障部负责对国家级人力资源服务产业园实行综合评估考核,制定并下发评估实施方案、组织实施评估工作、做出评估等级结论并公示结果,评估考核每三年进行一次,可委托第三方评估机构负责评估工作。各地产业园所在省市人社部门组织开展每年自评工作,并对参评的产业园进行资格审查,确定参评后,将相关材料报送人社部。

(三)评估流程

1. 制定实施方案、建立统计台账

人社部制定评估实施方案并下发给产业园所在省市人社厅局,各地人社厅局根据评估方案启动评估工作。产业园管理部门负责评估基础数据统计工作,建立统计台账,每个产业园指定一名统计调查员,负责上报园区数据资料。

2. 下发统计通知、季度采集数据

产业园管理部门在年初向入驻企业下发统计工作通知，要求入驻企业每季度报送相关统计数据，注重数据的长期跟踪、随时收集数据，使得数据收集工作形成一种制度。

3. 汇总上报数据、数据材料审核

年末由产业园管理部门负责汇总企业上报数据，填写本年度"人力资源服务产业园企业机构基本情况统计表""人力资源服务产业园统计报表"。并由产业园所在省份人社部门对数据材料进行审核后上报人社部。

4. 组织实地考察、发放调查问卷

人社部组织评估专家或评估小组对符合参评的人力资源服务产业园进行实地考察，走访园区管理部门、公共服务平台、入驻企业，与产业园管理部门、入驻企业、服务对象进行访谈。向入驻企业和服务对象发放"人力资源服务产业园满意度调查问卷"，并在规定期限内进行回收。

5. 收集汇总资料，撰写评估报告

根据园区主管部门上报的数据资料，实地调研了解情况和调查问卷等各类资料数据，评估小组完成数据的汇总、处理、分析工作，每年1月31日之前将上一年度园区建设与发展情况形成《国家级人力资源服务产业园评估报告》，提出初评结果。

6. 审核初评意见、公示公告结果

经各国家级人力资源服务产业园所在省市人社部门审核后，报送人力资源和社会保障部，做出最终评估结果，确定评估等级并在人社部官网进行公示公告。对评估结果为优秀及以上的国家级人力资源服务产业园予以通报表扬；对考核当年不合格的进行通报，并限期整改；对经营不善、效益不明显、存在违规运营情况以及造成其他不良影响的产业园，采取责令整改、取消授牌等处理措施。

（四）数据采集

评估指标统计数据通过园区内部统计数据、入驻企业上报数据、入驻企

业的问卷调查、园区管理机构内部座谈以及国民经济社会发展统计、人力资源社会保障事业统计等方法采集获取。针对不同的指标，评估小组采取不同的数据采集方法。

1. 基础数据表

人力资源服务产业园评估指标体系包含64个三级指标，数据采集途径分别由园区管理部门填写，由园区内企业填报再由园区管理部门汇总得出，由企业满意度调查问卷统计得出。由园区和企业填写的数据编制为两个基础数据表，分别是"人力资源服务产业园企业机构基本情况统计表""人力资源服务产业园统计报表"。由园区管理部门组织填写并在年初汇总上报上一年全年数据。

2. 满意度调查

人力资源服务产业园评估指标体系三级指标中包含"硬件建设配套设施满意度""公共服务满意度""园区信息化智能化服务满意度""园区品牌特色服务满意度""政策满意度""园区管理运营公司管理服务满意度"共6个方面满意度指标，据此设计了"人力资源服务产业园入驻企业满意度调查问卷"（详见附件1），对产业园的硬件设施、公共服务、信息化建设、政策管理等方面进行满意度调查。由产业园配合向入驻企业发放，并在规定期限内进行回收。

3. 园区访谈

访谈对象包括产业园管理部门、入驻企业、服务对象等。与产业园管理部门了解人力资源服务产业园的运行情况、取得的成效经验、存在的问题和不足，以及未来的主要工作方向创新思路等进行深度交流；与入驻企业了解现入驻企业经营发展情况、对产业园的政策、服务等方面满意度、需改进完善的政策服务等；与服务对象了解产业园服务的满意度等方面。

4. 其他资料

收集整理当地国民经济社会发展统计、人力资源社会保障事业统计数据资料，人力资源服务产业园发展情况、经营管理、政策体系、服务体系等资料。

六、产业园试评估

为了使人力资源服务产业园评估指标体系更加科学化规范化，本章选取试点园区对评估指标体系设计、评估数据收集和具体权重、评估结果的统计分析、结果的有效性等具体对评估指标体系设计、评估数据收集和具体权重、评估结果的统计分析、结果的有效性实施环节进行检验，并提出完善评估指标体系、评估方法流程的建议。

（一）试点范围

此次试点评估选取了上海、苏州人力资源服务产业园，由于这两个产业园均为较早运营的国家级产业园，其行业基础、发展规模、发展速度、管理服务处于全国领先水平，统计数据相对规范完整。评估时限为人力资源服务产业园2019年全年运行情况，数据统计期限自2019年1月1日起至12月31日止。

（二）实施步骤

1. 研究启动阶段

成立评估小组，主要由课题组成员担任，组织上海、苏州、重庆人力资源服务产业园主管部门、行业专家提供咨询指导和数据支持。收集人力资源服务园相关材料、发展战略、政策规划、经验做法，完成调研问卷设计和评估指标体系框架。

2. 指标体系建立阶段

首先，根据评估目标原则，初步建立起评估指标体系、评估流程、评估方法。其次，课题组赴上海、苏州、重庆等人力资源服务产业园进行了实地调研，召开研讨会邀请管理部门、专家学者和入驻企业对评估指标、数据采集、评估方法等进行研讨，会后根据专家意见对指标体系进行修改完善。再次，采取专家打分法对一级、二级、三级指标赋权重，建立评估指标模型。

3. 数据采集阶段

人力资源服务产业园评估指标数据来源有两类：一是定量指标，园区内企业填报数据和管理部门填报数据，由园区管理部门汇总整理得出，以及国民经济社会统计、人社事业统计数据获得；二是定性指标如"园区是否建立公共服务平台"，再如"政策知晓度、受益率、服务满意度"等，由园区内企业满意度调查和访谈得出。

定性指标数据采集：课题组于2019年8月赴上海、苏州等人力资源服务产业园调研，访谈对象包括产业园管理部门、入驻企业、服务对象等。与产业园管理部门了解人力资源服务产业园的运行情况、取得的成效经验、存在的问题和不足，以及未来的主要工作方向创新思路等进行深度交流；与入驻企业了解目前入驻企业经营发展情况、对产业园的政策、服务等方面满意度、需改进完善的政策服务等；与服务对象了解产业园服务的满意度等方面。同时发放"人力资源服务产业园入驻企业满意度调查问卷"获得了定性指标数据。

定量指标数据采集：2020年初，上海、苏州产业园将2019年全年统计数据进行汇总提供给评估小组，再由评估小组对指标数据进行处理、加工，获得了定量指标数据。

4. 评估报告撰写阶段

综合收集的各类资料和数据，评估小组完成数据的汇总、分析和评估工作，撰写评估指标体系研究报告。

（三）结果分析

根据评估指标体系，得到了上海、苏州人力资源服务产业园评估结果（见表17）。上海产业园评估总分为4.522分（五分制），根据评估等级划分在4分以上，被评估为"非常优秀"等级，表明了上海人力资源服务产业园运营十年来取得了显著的成绩，人力资源服务产业园综合水平和整体实力位于国家级产业园前列，发挥了优秀园区的示范和引领作用。从分项评估结果看，其中"平台建设"得分为0.452分、"业务规模"得分1.278、"服务保障"得分0.988、"政策管理"得分0.904、"经济效益"得分0.466、"社会效益"得分0.464。

苏州人力资源服务产业园评估总分为4.137分，较最高分4.724分差0.587

分，根据等级划分在4分以上，被评估为"非常优秀"等级，表明了苏州人力资源服务产业园建设发展取得了显著的成绩；从不同评估维度看，其中"平台建设"得分为0.488分、"业务规模"得分1.332、"服务保障"得分0.789、"政策管理"得分0.696、"经济效益"得分0.35、"社会效益"得分0.482。

表17 上海、苏州人力资源服务产业园评估结果

	上海产业园		苏州产业园	
	五分制	百分制	五分制	百分制
1.平台建设	0.452	90	0.488	98
2.业务规模	1.278	85	1.332	89
3.服务保障	0.988	99	0.789	81
4.政策管理	0.904	90	0.696	94
5.经济效益	0.466	93	0.35	70
6.社会效益	0.464	93	0.482	96
总 分	4.522	90	4.137	83

为方便不同维度之间横向比较，将"平台建设""业务规模""服务保障""政策管理""经济效益""社会效益"六个维度取值标准化为百分制，据此得到上海、苏州人力资源服务产业园评估结果示意图（见图7—图9）。

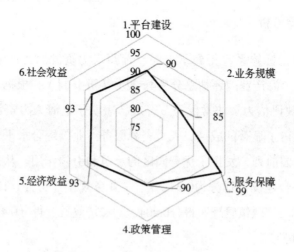

图7 上海人力资源服务产业园评估结果示意图

由图7可以看出，除"业务规模"指标相对值为85分以外，上海产业园其他维度指标相对值均在90分以上。"服务保障""经济效益""社会效益""政策管理""平台建设"维度得分分别99、93、93、90、90分，表明上海产业园在服务保障、政策规划、运营管理、经济社会效益、硬件载体、配套设施等方面取得了显著的成效。

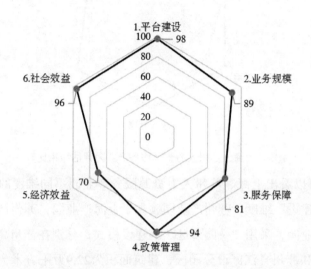

图8 苏州人力资源服务产业园评估结果示意图

由图8可以看出，苏州人力资源服务产业园在"平台建设""社会效益""政策管理"这三个维度指标相对值均在90以上，表明苏州产业园硬件配套设施完善，在政策规划、园区运营管理、社会效益方面取得了显著的成效。"业务规模""服务保障"指标相对值均在80以上，表明苏州产业园的人力资源服务业务规模以及公共等配套服务保障方面也取得了较好的成绩。"经济效益"指标相对值最低为70分，表明苏州产业园在推动业态升级、提高企业经营效率、降低园区投入能耗方面有待加强。

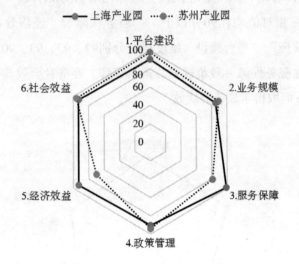

图9 上海、苏州人力资源服务产业园评估结果比较

由图9可以看出上海、苏州人力资源服务产业园不同维度的比较情况。一是"平台建设"维度，苏州产业园领先于上海产业园，苏州产业园是第四个国家级产业园，采用"一园多区"的建设模式，分别在苏州高新区、常熟市、昆山市和苏州吴江区设分园区，建筑面积为22.9万平方米，配套设施齐全。相比较上海产业园建设较早，在原有人才市场基础上改建而成，核心载体面积4.5万平方米，硬件配套设施难以满足产业园迅速发展的需求。二是"业务规模"维度，苏州产业园的业务规模略领先于上海产业园，由于苏州产业园采取"一园多区"的模式，可容纳的企业机构数量和业务承载力较大，苏州产业园2019年入驻企业数量350家，上海产业园入驻企业数量292家，相应地苏州产业园各项业务数量和规模较大。三是"服务保障"维度，上海产业园领先于苏州产业园，上海产业园在服务精细化和多样化方面为全国人力资源服务产业园做出了表率，集聚了涵盖人才、社保、出入境签证等6大服务系统60余项业务的服务平台，为园区入驻企业和公众提供了便捷高效的服务。四是"政策管理"维度，上海产业园在园区规划、管理运营方面均取得了较好的成绩，在园区建设初期，结合实际特点制定园区发展规划，出台了优惠政策和保障措施，形成了合理的管理运营模式，为园区发展提供

了有力的组织保障和政策保障。五是"经济效益"维度,上海产业园遥遥领先,一方面由于上海人力资源服务业发展具备了良好的基础,业务的规模体量较大,另一方面上海产业园注重内涵式发展,国内外知名机构集聚、新兴高端业态引领,不断对入驻企业"腾笼换鸟",优化园区业态结构、提升经营效率。相比较,苏州产业园应提升园区运营效率,减少低产出、低能级、高投入、高资源占用率的企业和项目。六是"社会效益"维度,苏州产业园略领先于上海产业园,在推动就业创业、人才引进、带动当地产业经济发展方面发挥了积极作用。

七、完善评估体系对策建议

在对上海、苏州产业园评估基础上,提出完善人力资源服务产业园评估指标体系、评估方法流程的建议。

(一)完善评估指标体系

统一评估指标统计口径。在对产业园试评估中,不同产业园各项指标数据的口径一致性和可比性存在问题,如园区营业收入存在不同统计口径和来源渠道,报告统一了园区明确统计方法和统计口径:①在企业所在地只限园区情况,统计园区内业务范围的营业收入;②总部在本市、分子公司在产业园情况,由于园区政策范围扩展到市内公司总部,因此统计范围即包括园区内业务收入和市内总部营业收入;③营业收入应包括派遣、外包服务等代收代付部分。数据采集途径为园区内人力资源企业机构填报汇总获得。

筛选关键性指标。人力资源服务产业园评估指标体系6个一级指标、18个二级指标、64个三级指标构成,评估指标过多,数据获取难度较大,且目前部分人力资源服务产业园处于刚投入运营阶段,统计制度尚未形成。因此课题组筛选了各评估维度的关键性指标,建立简化的评估模型可应用于先期试点评估(见表18)。

表18　人力资源服务产业园评估简化指标

一级指标	二级指标
1.平台建设	1.人力资源服务机构占地面积
	2.公共会议室、培训教室、路演室等数量
	3.硬件建设配套设施满意度
2.业务规模	4.园区服务用人单位数
	5.园区服务人次数
	6.园区入驻人力资源服务机构数量
	7.园区内知名企业机构数量
3.服务保障	8.园区公共服务项目数量
	9.公共服务满意度
	10.园区网络智能化覆盖率
	11.是否建立人力资源产业基金，支持园区发展
	12.园区品牌服务项目数量
	13.园区品牌特色服务满意度
4.政策管理	14.是否有明确的发展规划，执行较好
	15.是否出台了产业园扶持促进政策
	16.政策满意度
	17.是否有稳定的管理运营机构
	18.园区管理运营公司管理服务满意度
5.经济效益	19.园区人力资源企业机构营业收入
	20.园区人力资源企业机构纳税总额
	21.园区单位面积产值
6.社会效益	22.帮扶实现就业和流动人数
	23.引进高层次人才数量

（二）建立统计报送制度

　　人力资源服务产业园评估是一项长期、复杂的工作，对于评估的基础数据收集工作要求很高，应注重数据的长期跟踪、随时收集数据，建立起人力资源服务产业园统计报送制度。

各地人力资源服务产业园应尽快建立统计台账，对园区及入驻企业的基本情况、经济社会指标、业务指标进行统计。填报主体应实事求是、认真负责地填报原始数据，并通过统计系统进行网上报送。

园区管理部门负责宣传指导、联系协调数据统计工作，对入驻企业的统计数据进行收集汇总和上报，特别要加强统计数据的审核，确保上报数据的及时性、真实性、可靠性。

建议产业园统计施行"每月统计、季度汇总、年度总报"的形式进行开展，对已报送的统计数据，园区管理部门应在一周内进行汇总审核。并在年初向主管部门上报上一年度统计数据，因自身原因发生未上报、上报不及时或存在弄虚作假等行为，相关指标数据一律不得分。

（三）落实评估保障机制

加强落实人力资源服务产业园评估的组织、政策、人员、技术保障。

强化组织领导。人力资源服务产业园评估工作为当前人力资源服务产业园管理的重要抓手和工作重点，各地园区主管部门务必高度重视，建立稳定常态化的领导机制和工作机构、确保评估工作取得实效。

加强政策保障。人力资源服务产业园所在省市政府将人力资源服务产业发展纳入本地区中长期发展规划和年度重点任务，人力资源服务产业园是所在省市明确重点支持的人力资源服务产业集聚区。产业园制定了发展规划、政策优惠和配套措施，从地方配套产业园运营经费中列支产业园统计和评估费用。

注重协调配合。各部门加强协调配合，人社部流动管理司负责产业园评估工作的指导和统筹推进；各地产业园主管部门作为评估工作的责任主体，落实评估主体责任，按时间节点完成评估数据资料的汇总上报工作；各地统计局、税务局、市场监督管理局、发改委等部门应积极配合人力资源服务产业园评估工作，提供相关数据资料。

建立专家队伍。建议由政府部门、行业协会、社会评估组织、行业领域中熟悉人力资源服务业及产业园、绩效评估等领域的领导专家组成一支相对稳定的评估专家队伍，充分发挥和整合各领域专家的资源优势，对各地人力资源服务产业园评估进行指导工作。

提升技术保障。园区统计建议采用现代化的评估手段，如采取"互联网+模式"，构建智慧评估云平台，通过园区门户网站、微信公众号、手机APP等方式录入上报数据和填写满意度调查问卷，并由后台自动生成汇总数据和评估报告，将极大地提升评估工作效率、降低成本，提升各方参与度，使评估工作更加专业化科学化。

（四）加强评估结果应用

建立评估结果与考核奖惩相结合的机制，对评估结果为优秀及以上的国家级人力资源服务产业园予以通报表扬；对考核当年不合格等次的进行通报，并限期整改；对经营不善、效益不明显、存在违规运营情况以及造成其他不良影响的产业园，采取责令整改、取消授牌等处理措施。

共享评估结果，产业园评估结果可以作为评估单位获得资金扶持、建设用地的条件，可以作为政府相关部门进行事中、事后监管时的一项证明，不再进行单独审查。

树立典型优秀人力资源服务产业园，利用官方网站、微信公众号等宣传平台，积极宣传推广产业园优秀做法和经验，切实加强互学互鉴。加强产业园规范化标准化建设，提升产业园管理服务水平，推进产业园高质量可持续发展。

第八章

结论与对策建议

人力资源服务产业园作为人力资源服务业集聚发展的一个平台，经过十余年发展，在集聚产业、拓展服务、孵化企业、培育市场等方面发挥了引领示范作用，同时推动了当地就业创业、人力资源素质提升和优化配置，成为推动人力资源服务业发展的一个重要推动力，有力带动了当地经济和社会发展。但同时产业园建设发展仍面临着许多问题，在对各地产业园建设经验总结、评估分析基础上，深入剖析目前产业园建设发展中存在的问题及深层次原因，提出完善产业园发展的对策建议，展望未来发展方向。

一、人力资源服务产业园现存问题与不足

经过多年建设发展，我国人力资源服务产业园取得了一定的成效，但仍存在许多问题与不足，以下对存在的问题及深层次原因进行剖析。

（一）载体建设配套设施有待拓展完善

随着产业园入驻企业的不断集聚和业务功能不断拓展，部分园区楼宇载体依然不能满足企业入驻需求和拓展业务需要。在办公配套方面，公共会议室、培训教室、路演室等共享场所仍存在供不应求的问题。在交通出行方面，产业园周边存在车位少、停车难、公共交通配套不完善等问题。在人才公寓方面，存在房源少、入驻门槛高等问题。问题的原因主要在于：一是前期规划设计不充分，在园区建设前期，缺乏对拟建产业园的功能布局、企业

入驻需求、服务容量等因素进行科学合理的规划设计，以及建设用地、资金投入等条件限制制约，导致园区承载能力不足，随着产业园机构的集聚和业务功能不断拓展，多个产业园入驻空间接近峰值，制约了产业园的长远发展。二是相关资源配套未及时落实，在交通、商务和公寓等方面设施配套和政策落实跟进步伐较慢，存在跨部门专项任务协作配合度不高的问题。

（二）发展规划政策体系有待完善细化

首先，上海市、重庆市、苏州市、杭州市等已陆续研究或出台人力资源服务业专项政策，鼓励人力资源产业快速发展，但部分省市尚未出台统一的专项人力资源服务产业相关政策。其次，产业园政策有待完善升级，现有产业园政策主要为房租减免、税收奖励、引才奖励等优惠政策，随着原有政策期的到来，应加快制定完善新一轮的产业园优惠政策，在人才引进培养、产品创新研发、信息化建设、行业基础理论研究等方面加大扶持力度。再次，由于产业园软硬件设施建设投入成本大，回收周期长，部分运营企业处于"背着包袱前行"的状态，但其带来的社会效益远远大于经济效益，希望从国家层面加强顶层设计和政策支持引导，省市区等多个层面出台扶持各地产业园加快发展建设的专项政策，协调解决产业园发展遇到的重点难点问题。问题的原因在于：一是国家层面仍需加强对人力资源服务行业和产业园的顶层设计，对行业发展战略、政策支持、资金来源等方面加以完善细化；二是部分地方各级政府对人力资源服务行业和产业园认识和重视程度有待加强，需要加大政策和资金支持力度；三是部分省市尚未建立人力资源服务产业发展专项资金，就业专项资金使用范围过窄，可用于支持行业发展的资金来源有限。

（三）管理体制机制尚未完全理顺

当前部分人力资源服务产业园决策协调、管理运营、服务保障等职能缺乏清晰主体，真正实现"政府主导、企业运作、市场化运营"的管理运营模式的园区较少。《国家级人力资源服务产业园建设管理办法》明确，要有专门的产业园管委会或专业化的公司负责运营管理，但有些地方对产业园建设没有足够重视，在市、区层面都没有专门的机构负责运营管理，政府作用没有充分发挥。部分产业园尚未成立市场化的专业化公司对产业园进行运营管理，而且专业人才也比较缺乏，运营管理理念相对落后，还仅满足于收取房租、提供一般性服务，推进产业园向纵深发展有很大难度。管理精细化有待提高，园区对审批设立的人力资源服务机构业务开展情况不能实时掌握，传统的统计、年报、专项检查等已不能满足人力资源服务机构快速增长的需要，也不适应加强事中事后监管的要求，亟须创新改进。问题的原因在于：一是政府市场的作用职能未完全理顺、各自职能未充分发挥；二是缺乏专职管理人员，部分产业园管理人员从相关职能处室抽调过来，工作量大，人员严重不足。

（四）信息化品牌化服务有待提升

一是园区信息化建设有待提升。如何利用互联网等新技术与人力资源服务协同发展是产业园转型升级的重要推动力量，各地产业园"互联网+"等新兴业态企业数量较少，有待进一步引进扶持。此外，在智慧园区建设、综合网络服务系统、线上交易服务平台、人力资源大数据应用服务等方面仍有待完善。二是园区品牌推广宣传方面存在一定差距，在品牌建设、媒体宣传、赛会举办等方面有待进一步提升。问题的原因在于：一是未充分调动各方积极性，支持配合国家级产业园加强园区软硬环境建设，提供信息、服务支持；二是缺乏专业的管理运营团队，针对入驻企业需求和园区发展提供个性化、特色化、品牌化服务。

（五）产业发展水平经营效率有待提升

各地人力资源服务产业园发展水平不均衡，园区的发展模式同质化现象突出，部分园区人力资源服务业态、服务产品单一，产业链结构不合理。引进国内外知名企业和培育本土龙头骨干企业力度有待加强。园区内业态细分领域建设不够，尤其是"互联网+"、大数据等新业态人力资源服务企业引进培育力度不够；服务功能单一，只有就业招聘、劳务派遣等传统业务，从事人才测评、人才培训、高端人才寻访等新业态的较少，产业园亟待转型升级。部分产业园营业收入和税收增速放缓或减少。问题的原因主要在于：一是近年来受到经济下行、新冠疫情等因素的影响，以及政府为创造良好营商环境，为企业减轻负担而实行大规模减税降费政策影响，导致部分产业园营业收入和税收增速放缓或减少。二是从自身内部原因来看，由于经济发展水平、行业基础、商业环境等方面的差异，各地人力资源服务产业园发展水平不均衡。部分地区存在盲目跟风建设产业园情况，但产业基础薄弱、人力资源服务需求不足和供给水平不高。三是人力资源服务业和产业园的社会认知度不高，部分社会公众对于人力资源服务的认知仍旧停留在传统职业中介的层面，人力资源机构"集聚"服务优势未能充分体现，人力资源外包需求有待进一步释放开发。

（六）园区社会效益责任意识有待提高

人力资源服务产业园服务国家战略、促进就业创业、人力资源开发配置等带来的社会效益更加深远。各地产业园在发挥帮扶就业、人才引进等方面发挥了积极作用。但园区内为各地新兴战略产业和传统产业转型升级服务的人力资源机构较少；走出去参与服务国家"一带一路"倡议的机构较少，在全国有影响力的服务品牌还不多；参与脱贫攻坚、校园招聘等公益性活动不够积极，综合作用发挥不明显。问题的原因在于：一是园区和企业的社会责任意识不足，园区的带动引领作用有待加强。二是政府购买公共服务的条件范围有待拓宽。

二、人力资源服务产业园可持续发展的对策建议

人力资源服务产业园经过十年的建设发展，已经跨入转型升级、提质增效的新阶段，应充分调动和发挥各方积极性，探索符合市场规律、适应发展需要、运转灵活高效的产业园运营管理模式，寻找新的发展路径和动力机

制，推动新时代背景下人力资源服务产业园高质量发展。根据评估结果及问题分析，依据中央、地方人社事业发展规划和人力资源服务行业发展相关政策文件要求，提出推进人力资源服务产业园可持续高质量发展的对策建议。

（一）完善载体设施配套建设

完善园区载体设施建设，在区域内整合拓展新的物理载体，探索"一园多区"发展模式，打造专业化特色化园区。完善产业园建设规划，综合考虑园区内的产业布局、功能分区、服务配套和环境保障等，确保园区建设"高起点"。同时，完善人力资源服务机构准入和退出机制，逐步清理园区内一批发展不快、定位不准的存量企业，将更多空间留给实力雄厚、辐射力强、具有市场竞争力的优质企业。并且，强化生活配套，提供优质的管家服务，整合周边购物、餐饮、医疗、教育等配套服务。完善商务中心、超市、酒店、学校、医院、人才公寓、健身房等园区基础设施建设，营造宜居宜业的工作生活环境。

（二）研究制定园区发展规划政策

研究制定人力资源服务产业园新一轮发展规划。按照国家区域经济发展布局和当地经济社会发展需要，对园区的产业定位、功能布局、服务体系、运营模式等进行充分论证，积极探索创新发展模式，以产业载体集聚产业实体，以产业服务助力产业发展，确保园区建设"高起点"。进一步深入调研人力资源服务产业发展现状，摸清市场需求，从培育园区和人力资源产业发展的角度，尽快研究出台新一轮产业扶持政策，进一步完善引才奖励、运营补贴、活动补贴等一揽子政策和实施细则。力争新政策在税收减免、租金减免、引才奖励、品牌奖励等方面相对大幅提升。引导帮助园区人力资源服务机构在享受区级政策的基础上，争取国家、省市的政策支持，国家层面加强对人力资源服务产业园的顶层设计，制定支持引导性优惠政策，完善国家级园区统计制度，建立考核评估和奖惩机制。在做优政策的同时，做强园区软环境，完善园区配套公共服务，增强运营主体的服务能力，及时兑现引才、租金、税收、品牌等优惠政策。积极鼓励政府和公共部门向园区企业购买人力资源服务，率先在人员培训、人才测评等方面展开试点。设立人力资源服务产业发展引导资金，建立科学健全的项目投资发展机制。引入社会创投机构、天使投资机构、融资平台，共同对种子期、初创期、成长型项目进行孵化培育，将资本、人才、项目聚集到园区，加速实现产业创新。另外，对于政府购买公共服务事项的条件进行放宽，加大政府购买的范围和力度，就业补助资金购买服务的条件放宽范围放宽。

（三）充分发挥政府市场社会职能

理顺园区行政职能与企业运作关系，充分调动社会各方资源，发挥好市场主体的作用，构建"政府推动+市场运作+专业服务"的运行机制。政府部门主要负责研究讨论园区发展中的各类重大事项，落实上级部署，拟定园区扶持政策，提供公共服务，负责产业园运营主体的绩效考核，促进园区高效运转。逐步把经营性业务交由专业团队负责实施，运用市场化机制选聘职业经理人团队，负责产业园平台活动承办、品牌宣传推广、招商稳商、园区运营维护及拟定管理制度、后勤物业等工作。进一步加强工作创新，创新谋划工作思路、机制和方式，融入组织、宣传、群团等特色，聚力业界共治，着力构建人力资源协同发展生态圈。

（四）提供优质公共服务和特色服务

一是提供全方位一站式公共服务。人力资源服务产业园整合了人社、公安、工商、税务等行政部门对外公共服务职能，组建业务代办服务中心或窗口，为入驻企业提供人力资源许可、公共就业、社会保险、劳动监察、劳动仲裁、大学生创业、人才培训、职业技能鉴定、公共实训、继续教育等"一窗式"受理、"一站式"服务。二是提供专业化品牌化特色服务。主动为人力资源服务产业园入驻企业培育商机，并为入驻企业提供行业梳理、资源整合、品牌建设、产业链深化完善等方面的全方位服务。引进专业化的第三方服务机构，为入驻企业提供人力资源、管理顾问、法律咨询、财务咨询、项目策划、技术转让、产权交易等专业特色服务和增值服务。探索设立人力资源服务产业基金、创新基金，为人力资源初创企业提供启动资金，扶持人力资源服务企业进入资本市场。引入社会化资本，与银行、证券、保险等金融业合作，不断扩大资金规模，进一步扩大企业融资渠道。

（五）推进园区智慧化信息化建设

加快完善智慧产业园建设，将信息流和业务流在信息平台上有效整合，利用信息化优势打破产业园物理空间的制约，拓展网上人力资源服务产业园，提升产业服务和辐射带动的能力，构建国家级产业园良好的软环境。其次，结合"智慧产业园"信息系统，积极搭建人力资源大数据平台，推动企业、人才等信息数据有机融合，以企业数据库、人力资源企业数据库、高端人才库和技能人才库为依托，推动企业、人才等信息数据有机融合，发挥产业园资源共享效应。建立科学完善的统计体系和统计制度，全面反映入驻企业的基本情况、运营情况、经营效益，以及园区在服务保障和政策落实方面取得的成效。研制和发布行业发展前景分析报告、市场需求及人才需求指数信息等方式，强化对园区企业的信息服务，增强园区综合竞争力。

（六）加强园区对外宣传推广交流

为提升人力资源服务产业园的知名度和美誉度，各地应加强宣传推广和对外交流，提升园区的品牌形象。通过举办具有海内外影响力的人力资源峰会、博览会、行业展会、创新大赛、论坛研讨、培训班等活动，进一步扩大园区在行业中的影响力和知名度。有关行业主管部门定期组织各国家级产业园之间参访学习，加强行业内的互通有无，通过各产业园间的观摩学习、研讨交流、推优示范等多种方式，促进国家级产业园的健康发展、整体提升。充分发挥各地人力资源服务协会、促进会等相关平台的桥梁作用，支持人力资源服务机构"引进来"，鼓励国内人力资源服务机构"走出去"，强化行业与知名国内外人力资源机构的合作，加快形成良好的产业园品牌。

（七）提升产业发展综合实力和经营效率

一是强化产业协同发展，完善产业发展生态圈。引入人力资源服务产业链中的优质企业，着力引进一批高端人力资源服务机构和国际知名机构，发挥龙头企业"虹吸"效应，带动更多上下游关联企业入驻园区，打造多元化、多层次、专业化的人力资源服务产业链。二是以"人力资源+"为理念发掘市场需求，加强人力资源服务企业与其他产业的协同发展融合发展，积极培育与人力资源产业链相配套的会计、法务、保险、健康管理、科技中介等衍生服务业态，促进产业链的互补发展和产业间的协同发展。三是加快培育骨干企业和领军人才，加快发展有市场、有特色、有潜力的专业化人力资源服务骨干企业，引导企业细化专业分工，不断向价值链高端延伸；提高从业人员专业化、职业化水平，加快行业领军人才培养。四是组织园区企业抱团走出去，提升与国外人力资源服务供应商的合资合作水平，集聚更高能级的国际人力资源服务机构，引进国际先进的人力资源服务理念、项目、技术、标准和管理模式，带动我国人力资源服务业整体水平的提高。深化与"一带一路"沿线国家人力资源服务合作，通过新设、并购或合作等方式进行全球战略布局，拓展海外服务网络，参与国际竞争与合作。

（八）提升企业社会责任意识和社会效益

产业园充分发挥人力资源服务机构的职能优势和专业优势，创新方式，精准施策，为促进稳就业保就业、维护经济发展和社会稳定大局、决战决胜脱贫攻坚、全面建成小康社会，提供坚实有力的人力资源服务支撑。充分发挥人力资源服务机构作用，开展联合招聘服务，激发促就业的倍增效应。开展重点行业企业就业服务，围绕国计民生和产业发展的重点行业企业，提供用工招聘、人才寻访、劳务派遣、员工培训、人力资源服务外包等服务。支持人力资源服务机构实施精准对接，有效促进高校毕业生、农民工等重点群体就业。深入开展人力资源服务机构助力脱贫攻坚行动，加强贫困地区人力资源服务机构与发达地区的对口交流合作。发挥行业协会积极作用，推动人力资源服务机构诚信体系建设，加强行业自律与监管，提高人力资源服务机构整体质量，塑造行业整体形象。

三、人力资源服务产业园未来发展方向

站在"十四五"开局之年，人力资源服务产业园建设坚持立足当前谋长远，放眼全局谋发展，服务国家和地方的发展战略，面向先进制造业、现代服务业的服务创新和业态升级，加强顶层设计、完善服务体系、优化政策保障、促进协同发展，为推动新时代人力资源服务业高质量发展，推动我国从人口大国走向人力资本强国贡献力量。

（一）进一步发挥园区集聚示范效应

未来人力资源服务产业园发展以产业转型升级为动力，按照专业化、信息化、产业化、国际化方向发展，吸引具有国际影响力的国内外知名机构入驻产业园，开发国际国内人力资源服务业务，开展全方位人力资源服务。鼓励引导人力资源服务产品多样化、专业化发展，支持人力资源服务机构的自主品牌建设。助推经营性人力资源服务企业转型升级，实现服务内容标准化、服务产品多元化、服务手段信息化，通过产业转型升级，人力资源服务实现由低端向专业、中高端方向转变。发挥国家级产业园优势，辐射带动提升区域性人力资源服务产业园和集聚区建设水平，推动人力资源服务业快速发展。

（二）进一步推进园区信息化建设

充分利用"互联网+"优势，加快完善智慧产业园建设，围绕5G、人工智能、互联网、物联网等领域，加快推进人力资源服务数字化转型，发挥产业园在融合产业、信息、人力资源方面的独特优势，不断提升产业园服务就业创业、人事人才主渠道功能。一是将产业园打造成为服务产品齐全、专业化程度强、技术含量高的人力资源服务供应基地，鼓励人力资源企业数字化

转型升级，发挥人力资源服务业在推动形成实体经济、科技创新、现代金融、人力资源协同发展的产业体系方面的带动作用，满足区域发展的人力资源需求。二是将产业园打造成为"人力资源服务+互联网+大数据"多项融合的产业生态体系，构建人力资源数据中心，收集、分析发布企业用工需求和人力资源供给信息，建立人力资源协调互通渠道，降低企业特别是劳动密集型企业招工成本，实现企业和求职者的效益最大化。三是将产业园打造成为智慧人社云平台，以运用"互联网+智慧人社"为目标，优化园区管理流程和公共资源配置，搭建服务于人才、企业、机构等群体的智慧云平台，实现现代公共服务的创新机制。四是将产业园打造成为人力资源大数据平台，鼓励行业组织、园区企业以及专业媒体、研究机构等提供基于大数据的人力资源服务，研制具有公信力的园区产业发展报告、人才流动趋势报告、行业榜单等，及时掌握人才供需状况，多渠道全方位发布紧缺人才需求及人才激励政策，不断提升人才大数据管理能力，为产业发展提供快捷高效的人才对接渠道，为人力资源服务产业园高质量发展赋能。

（三）进一步推进园区国际化水平

随着人力资源服务市场的不断开放，越来越多的国外知名人力资源服务机构引进产业园，我国人力资源服务机构也加快了"走出去"的步伐。应深化完善人力资源服务领域合作机制，科学制定人力资源服务产业园发展规划，聚力推动园区配套建设，加大对国际知名品牌企业的招商力度，进一步放宽外资入园条件，提升产业园的国际化、开放化程度。支持园区内人力资源服务机构开展跨境业务，培育和发展人力资源服务贸易，加快人力资源服务业由"对内服务"迈向"全球服务"，培育具有全球影响力的人力资源服务品牌。鼓励本土人力资源服务机构参与国际合作，通过公平竞争提升整体水平，更好实现互利共赢。提升与国外人力资源服务供应商的合资合作水平，集聚更高能级的国际人力资源服务机构，引进国际先进的人力资源服务理念、项目、技术、标准和管理模式，带动我国人力资源服务业整体水平的提高。深化与"一带一路"沿线国家人力资源服务合作，通过新设、并购或合作等方式进行全球战略布局，拓展海外服务网络，参与国际竞争与合作。

人力资源服务产业园作为中国特色的以空间集聚、资源共享为特征的人力资源服务配置市场化的重要形式，发挥了培育、孵化、交易等功能，为产业的创新发展、人才集聚的促进、城市新经济增长点的培育等方面起到了重要作用。下一步，产业园将继续深入贯彻落实国家、省市关于人力资源服务产业相关工作要求，锚定方向精准发力，充分发挥人力资源枢纽平台作用，提高人力资源要素供给，持续抓好产业招引及培育，推动产业园发展再上新台阶。中国人力资源服务产业园必将在未来向着更高的目标前进，在支持国家经济转型，增强全球竞争力的使命中贡献自己的一份力量。

附表1：

人力资源服务产业园评估指标体系

一级指标	二级指标	三级指标
1.平台建设	1.载体规模	1.园区总建筑面积
		2.人力资源服务机构占地面积
	2.配套设施	3.公共会议室、培训教室、路演室等数量
		4.引进银行、财务、法律等配套机构数量
		5.园区内食堂、餐厅、超市等数量
		6.园区人才公寓、职工宿舍建筑面积
		7.园区周边公交、地铁、班车线路数量
		8.硬件建设配套设施满意度
2.业务规模	3.经营服务	9.园区人力资源服务机构举办现场招聘会的总场次数
		10.园区人力资源服务机构数据库现存岗位信息数
		11.园区人力资源服务机构数据库现存求职信息数
		12.劳务派遣服务用人单位
		13.劳务派遣人员总量
		14.人力资源管理咨询服务用人单位数
		15.人力资源服务外包服务用人单位数
		16.举办培训班次数
		17.参加培训人员数量
		18.参加人力资源测评人数
	4.构成比重	19.园区入驻全部企业机构数量
		20.园区入驻人力资源服务机构数量
		21.园区内知名企业机构数量
		22.人力资源服务业骨干企业数量
		23.中高端业态企业数量
	5.业务特色	24."互联网+"等新兴业态企业数量
		25.人力资源服务产品研发创新数量
		26.知名品牌数量
3.服务保障	6.公共服务	27.是否设立综合服务平台，提供行政审批等一站式公共服务
		28.园区公共服务项目数量
		29.公共服务满意度
	7.信息化服务	30.园区网络智能化覆盖率
		31.园区是否建设信息服务平台

续表

一级指标	二级指标	三级指标
3.服务保障	7.信息化服务	32.园区机构建有人才库、需求库等相关数据库数量
		33.园区信息化智能化服务满意度
	8.金融服务	34.是否搭建园区投融资平台
		35.是否建立人力资源产业基金，支持园区发展
		36.是否引入社会资本参与园区公共服务、基础设施建设
	9.特色服务	37.园区品牌服务项目（如产业对接、素质提升、宣传推广等服务）数量
		38.园区品牌特色服务满意度
4.政策管理	10.发展规划	39.是否有明确的发展规划，执行较好
	11.政策体系	40.是否出台了产业园扶持促进政策
		41.政策覆盖率
		42.政策知晓度
		43.政策受益率
		44.政策满意度
	12.管理运营	45.是否有稳定的管理运营机构
		46.管理机构组织架构合理、部门分工明确、相互配合
		47.园区各项规章制度是否健全
		48.是否与专业化实力雄厚的园区运营公司合作
		49.园区管理运营公司管理服务满意度
5.经济效益	13.产值规模	50.园区人力资源机构营业收入
		51.园区人力资源机构营业收入同比增长率
		52.园区单位面积产值
	14.税收贡献	53.园区企业纳税总额
		54.园区单位面积税收
6.社会效益	15.就业创业	55.帮扶实现就业和流动人数
		56.园区参与扶贫项目企业数量
		57.为高校毕业生提供就业岗位数量
	16.人才引进	58.引进高层次人才数量
		59.园区内新增猎头企业数量
	17.产业驱动	60.园区上市公司数量
		61.园区孵化培育成功企业数量
		62.园区企业研发中心数量
		63.服务战略新兴产业企业数量
	18.诚信建设	64.诚信人力资源服务机构数量

附表2：

人力资源服务产业园评分细则

一级指标	二级指标	三级指标	评分细则				
			1分	2分	3分	4分	5分
1.平台建设	1.载体规模	1.园区总建筑面积	1万平方米以下	1万~2万平方米（含1万平方米）	2万~3万平方米（含2万平方米）	3万~4万平方米（含3万平方米）	4万方米及以上
		2.人力资源服务机构占地面积	0.5万平方米以下	0.5万~1万平方米	1万~2万平方米	2万~3万平方米	3万平方米及以上
		3.公共会议室、培训教室、路演室等数量	10间以下	10~20间	20~30间	30~40间	40间及以上
	2.配套设施	4.引进银行、财务、法律等配套机构数量	1家	2家	3家	4家	5家及以上
		5.园区内食堂、餐厅、超市等数量	1家	2家	3家	4家	5家及以上
		6.园区人才公寓、职工宿舍建筑面积	2000平米以下	2000~5000平方米	5000~8000平方米	8000~10000平方米	10000平方米及以上
		7.园区周边配套公交、地铁、班车线路等数量	1条	2条	3条	4条	5条及以上
		8.硬件建设配套设施满意度	不满意	一般	较满意	满意	非常满意
2.业务规模	3.经营服务	9.园区人力资源服务机构举办现场招聘会的总场次数	50场以下	50~100场	100~200场	200~300场	300场及以上
		10.园区人力资源服务机构数据库现存岗位信息数	1万条以下	1万~5万条	5万~10万条	10万~20万条	20万条及以上
		11.园区人力资源服务机构数据库现存求职信息数	5万条以下	5万~10万条	10万~50万条	50万~100万条	100万条及以上
		12.劳务派遣服务用人单位	500家以下	500~1000家	1000~1500家	1500~2000家	2000家及以上
		13.劳务派遣人员总量	2万以下	2万~3万	3万~4万	4万~5万	5万及以上

续表

一级指标	二级指标	三级指标	评分细则				
			1分	2分	3分	4分	5分
2.业务规模	3.经营服务	14.人力资源管理咨询服务用人单位数	500家以下	500~1000家	1000~1500家	1500~2000家	2000家以上
		15.人力资源服务外包服务用人单位数	500家以下	500~1000家	1000~1500家	1500~2000家	2000家以上
		16.举办培训班次数	5次以下	5~10次	10~20次	20~30次	30次及以上
		17.参加培训人员数量	500人次以下	500~1000人次	1000~1500人次	1500~2000人次	2000人次及以上
		18.参加人力资源测评人数	250人次以下	250~500人次	500~750人次	750~1000人次	1000人次及以上
	4.构成比重	19.园区入驻全部企业机构数量	50家以下	50~100家	100~150家	150~200家	200家及以上
		20.园区入驻人力资源服务机构数量	25家以下	25~50家	50~75家	75~100家	100家及以上
		21.园区内知名企业机构数量	20家以下	20~30家	30~40家	40~50家	50家及以上
		22.人力资源服务业骨干企业数量	1家及以下	2家	3家	4家	5家及以上
		23.中高端业态企业数量	20家以下	20~30家	30~40家	40~50家	50家及以上
	5.业务特色	24."互联网+"等新兴业态企业数量	10家以下	10~20家	20~30家	30~40家	40家及以上
		25.人力资源服务产品研发创新数量	5项以下	5~10项	10~15项	15~20项	20项及以上
		26.知名品牌数量	1项及以下	2项	3项	4项	5项及以上
3.服务保障	6.公共服务	27.是否设立综合服务平台，提供行政审批等一站式公共服务			是		
		28.园区公共服务项目数量	20项以下	20~30项	30~40项	40~50项	50项及以上
		29.公共服务满意度	不满意	一般	较满意	满意	非常满意
	7.信息化服务	30.园区网络智能化覆盖率	60%以下	60%~70%	70%~80%	80%~90%	90%及以上
		31.园区是否建设信息服务平台			是		
		32.园区机构建有人才库、需求数据库等相关数据库数量	10个以下	10~20个	20~30个	30~40个	40个及以上

续表

一级指标	二级指标	三级指标	评分细则				
			1分	2分	3分	4分	5分
3.服务保障	8.金融服务	33.园区信息化智能化服务满意度	不满意	一般	较满意	满意	非常满意
		34.是否搭建园区投融资平台			是		
		35.是否建立人力资源产业基金，支持园区发展			是		
		36.是否引入社会资本参与园区公共服务、基础设施建设			是		
	9.特色服务	37.园区品牌服务项目（如产业对接、素质提升、宣传推广等服务）数量	1项及以下	2项	3项	4项	5项及以上
		38.园区品牌特色服务满意度	不满意	一般	较满意	满意	非常满意
4.政策管理	10.发展规划	39.是否有明确的发展规划、执行较好			是		
	11.政策体系	40.是否出台了产业园扶持促进政策			是		
		41.政策覆盖率	60%以下	60%~70%	70%~80%	80%~90%	90%及以上
		42.政策知晓度	完全不了解	不太了解	一般	比较了解	非常了解
		43.政策受益率	60%以下	60%~70%	70%~80%	80%~90%	90%及以上
		44.政策满意度	不满意	一般	较满意	满意	非常满意
	12.管理运营	45.是否有健全的管理运营机构			是		
		46.管理机构组织架构合理、部门分工明确、相互配合			是		
		47.园区各项规章制度是否健全			是		

续表

一级指标	二级指标	三级指标	评分细则				
			1分	2分	3分	4分	5分
4.政策管理	12.管理运营	48.是否与专业化实力雄厚的园区运营公司合作			是		
		49.园区管理运营公司管理服务满意度	不满意	一般	较满意	满意	非常满意
5.经济效益	13.产值规模	50.园区人力资源机构营业收入	25亿元以下	25亿~50亿元	50亿~75亿元	75亿~100亿元	100亿元及以上
		51.园区人力资源机构营业收入同比增长率	5%以下	5%~10%	10%~15%	15%~20%	20%及以上
		52.园区单位面积产值	5亿元以下/万平方米	5亿~10亿元	10亿~15亿元	15亿~20亿元	20亿元及以上
	14.税收贡献	53.园区企业纳税总额	1亿元以下	1亿~3亿元	3亿~5亿元	5亿~10亿元	10亿元及以上
		54.园区单位面积税收	0.1亿元以下/万平方米	0.1亿~0.3亿元	0.3亿~0.5亿元	0.5亿~1亿元	1亿元及以上
6.社会效益	15.就业创业	55.帮扶实现就业和流动人数	10万人次及以下	10万~20万人次	20万~30万人次	30万~40万人次	40万人次及以上
		56.园区参与扶贫项目企业数量	2家以下	2~5家	5~10家	10~15家	15家及以上
		57.为高校毕业生提供就业岗位数量	0.5万个以下	0.5万~1万个	1万~1.5万个	1.5万~2万个	2万个及以上
	16.人才引进	58.引进高层次人才数量	1000人以下	1000~2000人	2000~3000人	3000~5000人	5000人及以上
		59.园区内新增猎头企业数量	1家	2家	3家	4家	5家及以上
	17.产业驱动	60.园区上市公司数量	1家	2家	3家	4家	5家及以上
		61.园区孵化培育成功企业数量	1家	2家	3家	4家	5家及以上
		62.园区企业研发中心数量	1家	2家	3家	4家	5家及以上
		63.服务战略新兴产业企业数量	250家以下	250~500家	500~750家	750~1000家	1000家及以上
	18.诚信建设	64.诚信人力资源服务机构数量	1家	2家	3家	4家	5家及以上

中国上海人力资源服务产业园评估报告①

2010年11月9日，由人社部和上海市政府共建、上海市人社局和原闸北区政府共同承建的中国上海人力资源服务产业园区（以下简称"上海产业园"）正式挂牌成立，这是国内首家以人力资源服务业为特色的国家级产业园，既是部、市合作推进人力资源服务产业化发展的创新探索和人力资源市场建设进程中的一项创新之举，也是我国第一个国家级人力资源服务业产业园，对推动当地乃至全国人力资源服务业快速发展具有重大而深远的影响。成立十年来，上海产业园坚持以体制机制创新、产业引导和环境营造为重点，努力形成企业结构合理、创新研发一流、服务辐射全球的人力资源服务体系，在平台建设、管理运营、政策体系、服务保障等方面进行了积极探索、取得了良好的经济社会效益。目前园区入驻企业已达到318家，税收超12亿元，形成涵盖招聘、猎头、薪酬、测评、咨询、人力资源软件及综合解决方案在内的完整产业链，推动人力资源服务业向专业化、标准化、国际化、信息化发展。

一、评估目的

为总结中国上海人力资源服务产业园区发展成效经验，推进引领新时代上海人力资源服务业高质量发展，报告建立了系统性综合性的人力资源服务产业园评估指标体系、评估方法和评估流程，对园区的平台建设、业务规

① 本附件为上海市静安区人社局2019年委托课题《中国上海人力资源服务产业园区评估报告》。

模、服务保障、政策管理、经济效益、社会效益等情况进行全面评估。有助于总结上海产业园成立十年来的成果经验、存在的问题，为地方和国家人力资源服务产业园认定和考核工作提供依据；为编制上海产业园"十四五"发展规划提供参考，推进新时代上海人力资源服务业高质量发展。

二、评估依据

中国上海人力资源服务产业园评估指标体系编制以党的十九大和十九届三中、四中、五中全会精神为指引，贯彻落实人社部《关于加快发展人力资源服务业的意见》《人力资源服务业发展行动计划》《人力资源市场暂行条例》《国家级人力资源服务产业园管理办法（试行）》及上海市《关于加快本市人力资源服务业发展的若干意见》《静安区关于促进人力资源服务产业发展的实施办法》等国家和上海市关于建设产业园的总体要求和上海产业园总体规划为依据。评估对象为上海产业园平台建设、业务规模、服务保障、政策管理、经济效益、社会效益等情况。

三、产业园评估

（一）评估范围

此次评估对象为中国上海人力资源服务产业园区2019年全年运行情况，数据统计期限自2019年1月1日起至12月31日止。评估指标选取及体系构建已在正文中说明，不再赘述。

（二）实施步骤

1. 研究启动阶段

成立评估小组，主要由劳科院课题组成员担任，组织上海产业园主管部门、行业专家提供咨询指导和数据支持。收集上海产业园相关材料、发展战略、政策规划、经验做法，完成调研问卷设计和评估指标体系框架。

2. 指标体系建立阶段

首先，根据评估目标原则，初步建立起评估指标体系、评估流程、评估方法。其次，课题组赴上海产业园进行了实地调研，召开研讨会邀请管理部门、专家学者和入驻企业对评估指标、数据采集、评估方法等进行研讨，会后根据专家意见对指标体系进行修改完善。再次，采取专家打分法对一级、二级、三级指标赋权重，建立评估指标模型。

3. 数据采集阶段

产业园评估指标数据来源有两类：一是定量指标，园区内企业填报数据和管理部门填报数据，由园区管理部门汇总整理得出，以及国民经济社会统计、人社事业统计数据获得；二是定性指标如"园区是否建立公共服务平台"，再如"政策知晓度、受益率、服务满意度"等，由园区内企业满意度调查和访谈得出。

定性指标数据采集：课题组于2019年8月赴上海产业园调研，访谈对象包括产业园管理部门、入驻企业、服务对象等。与产业园管理部门对人力资源服务产业园的运行情况、取得的成效经验、存在的问题和不足，以及未来的主要工作方向创新思路等进行深度交流；与入驻企业了解目前入驻企业经营发展情况、对产业园的政策、服务等方面的满意度、需改进完善的政策服务等；与服务对象了解产业园服务的满意度等方面。同时发放"中国上海人力资源服务产业园入驻企业满意度调查问卷"获得了定性指标数据。

定量指标数据采集：2020年初，上海产业园将2019年全年统计数据进行汇总提供给评估小组，再由评估小组对指标数据进行处理，获得了定量指标数据。

4. 评估报告撰写阶段

综合收集的各类资料和数据，评估小组完成数据的汇总、分析和评估工作，撰写评估报告。

（三）评估结果

依据国家和地方对产业园发展的指导意见，借鉴各地人力资源服务产业园及经济型产业园的评估做法与经验，结合上海产业园实际特点，构建了反映中国上海人力资源服务产业园全貌的指标体系。评估指标体系由"平台建设""业务规模""服务保障""政策管理""经济效益""社会效益"共6个一级指标、"载体规模"等18个二级指标、"园区总建筑面积"等62个三级指标构成。

根据评估指标体系，得到了上海产业园评估结果。从综合评估结果来看，上海产业园评估总分为4.522分（五分制），被评估为"非常优秀"等级，表明了上海人力资源服务产业园运营十年来取得了显著的成绩，人力资源服务产业园综合水平和整体实力位于国家级产业园前列，发挥了优秀园区的示范和引领作用。从分项评估结果看，其中"平台建设"得分为0.452分、"业务规模"得分1.278、"服务保障"得分0.988、"政策管理"得分0.904、"经济效益"得分0.466、"社会效益"得分0.464。

表1　中国上海人力资源服务产业园区评估结果

	五分制			百分制
	得分	最高分	最低分	得分
1.平台建设	0.452	0.5	0.1	90.4
2.业务规模	1.278	1.5	0.3	85.2
3.服务保障	0.988	1	0.144	98.8
4.政策管理	0.904	1	0.072	90.4
5.经济效益	0.466	0.5	0.1	93.2
6.社会效益	0.464	0.5	0.1	92.8
总　分	4.522	5	0.816	90.44

为方便不同维度之间横向比较，将"平台建设""业务规模""服务保障""政策管理""经济效益""社会效益"共六个维度取值区间标准化为[0,100]区间，相应地将各评估维度打分结果标准化，据此得到上海产业园评估结果示意图，由此可以分析出影响产业园绩效的主要因素。由图1可以看出，除"业务规模"指标相对值为85.2以外，上海产业园其他维度指标相对值均在90以上。

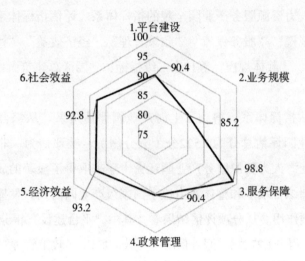

图1　中国上海人力资源服务产业园区评估结果示意图

四、评估分析

（一）园区平台建设情况评估

"平台建设"维度包括产业园的载体建设，以及办公、商务、餐饮、住宿、交通等服务配套设施情况的评估。平台建设评估得分90.4。

1. 载体规模：整合拓展载体资源，提升园区辐射带动效应

中国上海人力资源服务产业园区由人力资源社会保障部和上海市共建，由上海市人力资源社会保障局和静安区（原闸北区）承建。园区不断整合载体资源，提高上海人才大厦、上海人才培训广场等园区主体楼宇资源利用效率，营造良好的发展环境和完备的服务体系。一是拓展产业集中办公区域。选定中兴路1500号新理想大厦作为创新园，总建筑面积26919平方米。苏河湾控股公司梳理出自用办公场地5500平方米。二是建设中国上海人力资源服务产业园区规划展示馆。由苏河湾控股公司提供展示馆建设地，面积800平方米，进一步提升人力资源服务业的发展能级，打造全国领先的人力资源服务枢纽平台。

目前，已经基本形成以上海人才大厦、新理想国际大厦为载体的人力资源服务企业集聚地，以上海人才培训广场、上海市青少年活动中心为载体的人力资源培训机构集聚地，以上海人才大厦延伸楼宇为载体的人力资源服务外包产业基地，以周边楼宇为载体的后台服务和呼叫中心基地，为各类人力资源服务机构提供配套完备的经营环境及后台服务支持。主要核心载体包括人才大厦、青少年活动中心、新理想大厦、新发展大厦面积17.5万平方米，随着园区内洲际、新发展、环智、隆宇等高端商务楼宇的不断推出，园区功能更加完善、载体更加丰富，产业园区辐射周边楼宇2.18平方公里，在国家级产业园中载体规模和辐射范围位于前列。

为提升上海产业园辐射带动效应，全市正在布局打造人力资源服务产业"一区多园"发展生态圈。2019年12月17日，中国上海人力资源服务产业园区东部园在杨浦挂牌成立，按照"立足上海、带动北四区、辐射长三角"的发展定位，依托产业园的品牌优势和资源优势，东部园必将有力促进市场主体培育，引导服务创新，带动提升区域整体人才服务的专业化、便利化、国际化水平，助推杨浦区成为人才生态最优地、创业创新理想地、优质企业集聚地，成为打造"上海服务"品牌的新亮点。

2. 配套设施：园区配套设施完善，为入驻企业提供良好的办公生活环境

上海产业园地处市中心内成熟的商贸商业区苏州湾畔，拥有优越的地理位置、完善便利的交通、高端的商业周边及宜居的生活配套。上海产业园为入驻企业提供现代化的办公空间，为了方便入驻企业展示和交流，配备了公共会议室、多功能厅、展厅、培训教室、洽谈室等办公配套设施20余间，部分缓解了原有公共会议室等公用场地紧张的问题。针对原有人才大厦电梯运力不足问题，调研发现，大厦物业部门组织专门人员在上下班高峰时段对乘坐电梯的工作和办事人员进行有序疏导，提高了电梯的使用效率。上海产业园紧邻核心商圈，周边商务配套完善，园区内引进了银行、财务、法律等机构48家，为园区企业提供商务配套服务。

上海产业园周边生活配套设施齐全，餐饮、休闲、娱乐配套日趋完善，园区整合社会餐饮资源，现有食堂、餐厅、便利店等33家，在创新园B1层开设"白领食堂",改善白领午餐就餐难题,切实满足了来往办事人员、企业员工以及周边办公楼宇部分上班族的用餐需求。尽管园区没有配套建设人才公寓,但可根据静安区现有人才公寓政策,按照市区相关人才政策申请人才公寓,满足了产业园建设发展的人才住宿需求。除住房外,静安区全新推出的人才"1+3新政",还为优秀人才提供子女教育和健康服务。

上海产业园地处市中心内成熟的商贸商业区苏州湾畔,拥有优越的地理位置,交通便利设施完善。特别是近年来,产业园区周围的梅园路—长安路—恒丰路—汉中路沿线道路得到了清理整治,产业园区的周边环境得到了优化。园区周边形成了铁路、地铁、轻轨、高架、高速、游艇码头及直升机停机坪等多种交通方式高效衔接的现代交通运输网络,据统计,园区一公里半径范围内拥有公交、地铁、班车等市内交通62条,省级高铁长途汽车678条线路,辐射性和带动力强,具有支撑人力资源服务业发展集聚和辐射的独特区位条件及基础优势。根据入驻企业问卷调查结果显示,"园区位置便利"是人力资源服务企业选择入驻产业园的重要因素,占参与调查企业的70.5%。

(二)园区业务规模情况评估

"业务规模"维度评价产业园经营性业务的规模体量、结构比重、业务特色等,属于园区核心业务内容。业务规模评估得分85.2。

1. 经营服务:初步形成以中高端业态引领的人力资源服务体系

经过多年不断培育,园区内人力资源服务企业的专业化分工越来越细,服务产品精细化程度越来越高,基本形成了以人力资源服务外包为主,人力资源招聘、高端人才寻访、人才培训、人才测评、管理咨询、人才派遣等业务在内的全业态产业链,满足不同层次人力资源服务需求。同时,以人力资源管理咨询、流程外包服务、人力资源信息软件服务、人力资源测评以及高级人才寻访为代表的一批与国际化发展相适应的中高端服务业态在上海产业园也逐渐成长起来,园区内共有主营中高端业态机构[①]201家,占园区机构总

---

① 根据人社部统计口径,中高端业态包含人力资源服务外包、管理咨询、人才测评、职业社交网站、高级人才寻访等。

数的63.2%，在国家级人力资源服务产业园中处于领先水平。根据评估结果显示，上海产业园传统业态如招聘会、劳务派遣业务规模相对较小，得分在3~4分之间（满分5分），但新兴业态如咨询、外包、培训、测评等业务数量较多，得分满分。此外，园区人力资源服务机构数据库现存岗位信息数和求职信息数均为12.6万条，网络招聘业务数量得分4分，仍有待进一步加强。

2. 构成比重：吸引国内外知名企业入驻，园区集聚示范效应凸显

近年来，随着上海产业园平台建设不断改善，政策支持力度不断加大，服务保障能力不断提升，吸引着国内外众多知名人力资源企业纷纷进入园区，产业园集聚效应日益凸显。据2019年统计数据显示，产业园内人力资源服务机构已达到318家，较2011年的40家将近翻了三番，较2015年的84家将近翻了两番（见图2）。

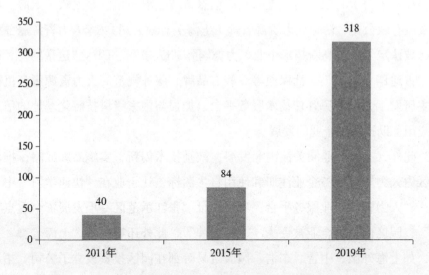

图2 中国上海人力资源服务产业园区入驻企业数量（单位：家）

上海产业园入驻企业中包括任仕达（中国）总部、上海东浩、前锦众程、万宝盛华、诺姆四达、海德思哲、米高蒲志等国内外知名企业22家[①]，占园区全部人力资源机构比重达到6.9%。知名人力资源企业的入驻，不但创

---

① 知名企业：世界人力资源服务100强、大中华区50强知名企业机构。

新了行业发展模式，从教育培训、服务外包到战略咨询，园区人力资源服务产业链正在不断扩展，逐步实现从机构集聚、功能集聚到产业集聚的转变。同时，企业间相互交流和合作意愿增强，示范带动效应逐步显现。上海产业园已经成为国内外人力资源服务机构争先入驻的园区地标性建筑。

3. 业务特色：开展"互联网+"人力资源服务创新，实施行业品牌战略

上海产业园深入实施"互联网+"人力资源服务行动，发挥静安区在大数据、云计算领域的优势，鼓励人力资源服务企业与现代信息技术有机融合，开展人力资源服务产品、商业模式、服务模式、关键技术的研发创新和推广应用。园区内"互联网+"新兴业态的企业数量39家，其中社保通、薪福快线、欧孚视聘、古迪诺克测评等一批"互联网+人力资源"新兴企业破茧而出。上海诺姆四达投资集团有限公司、上海人瑞网络科技有限公司、社宝信息科技（上海）有限公司、上海利唐信息科技有限公司、薪太软（上海）科技发展有限公司、博金人力资源管理（上海）有限公司共6家人力资源服务机构已被认定上海市高新技术企业。力德国际"i人事"、四达"达帮网"、诺姆"古迪诺克测评"、社保通等一些有品牌、服务规范的人力资源服务机构自主研发了人力资源管理技术服务平台，加强与国家级科技孵化基地的信息化应用，助推双创企业的发展。

此外，上海产业园关注内涵发展，鼓励技术创新，实施品牌战略，推动园区内人力资源服务企业注册和使用自主商标，让企业在"快速学习"中飞跃。"人力资源专业服务平台"项目获批"张江示范区专项发展资金重点项目"；园区内两家企业被评为"上海名牌"，此外还有一些"上海名牌"企业，如上海外服、中智、东浩、国服贸易等都在园区投资设立子公司，拓展新的业务范围；2017年，由上海人才服务行业协会牵头编制的《人力资源服务术语》《人力资源外包服务规范》获批国家标准。

（三）园区服务保障情况评估

"服务保障"维度评估上海产业园提供的公共人力资源服务及信息化服务、金融服务、特色服务等配套服务保障情况。服务保障评估得分98.8，满意度评价除信息化服务为满意外，公共服务、金融服务、特色服务均为非常满意。

1. 公共服务：整合人社、工商、税务、公安等60余项公共服务

上海产业园构建全开放式政府公共服务平台，以上海人才大厦现有的人事公共服务平台为核心，整合和强化市、区政府企业、人才公共服务功能，设立专门窗口，对所有入驻园区企业以及人才提供"一门式"服务。产业园区已先后入驻了上海市人才服务中心、上海海外人才服务中心、上海市医疗保险与社会保障机构、法德签证中心、上海市出入境管理中心等公共服务机构，不断丰富和完善了产业园的公共服务体系，为入园企业提供证照办理业务、社会保险配套服务和医疗保险专门服务、人力资源招聘服务及档案管理服务、涉外公共服务综合平台等公共服务共计60余项，在国家级人力资源服务产业园中，提供的公共服务范围最广泛，服务门类最齐全。根据入驻企业问卷调查结果显示，企业对上海产业园公共服务满意度为"非常满意"，表明上海产业园公共服务项目种类、数量、工作人员的办事效率、服务态度、服务质量等方面认可度较高。

2. 信息化服务：搭建人力资源信息化服务平台，实现人才信息资源共享

上海产业园积极推进人力资源服务业信息化基础设施建设，做到无线Wi-Fi全覆盖，移动网络全4G覆盖整个园区。园区搭建了人力资源信息化服务平台，实现与上海市、静安区公共就业与人才服务机构网站的数据互联互通，形成全面覆盖、统一规范的人力资源服务信息网络体系。探索构建智慧型人力资源服务云平台和生态系统，开发人力资源供求信息查询系统、人才测评系统、职业指导系统、远程面试系统等，提高社会化服务能力。园区内112家企业建有人才库、需求库等相关数据库，及时准确掌握各类人才信息，并实现全面、准确、及时、动态管理及人才信息资源共享。根据入驻企业问卷调查结果显示，企业对园区信息化智能化服务满意，但部分企业提出园区在大数据应用、工商在线注册方面有待加强。

3. 金融服务：搭建企业投融资平台，推动园区企业做大做强

上海产业园为入驻企业提供优质高效的金融服务。一是鼓励入驻企业利

用资本市场进行多元化融资，重点培育并推动具有较强竞争力的人力资源企业率先改制，争取在资本市场上市，推动园区人力资源企业做大做强。同时，发挥中小企业贷款信用担保基金作用，对园区内经营规范、诚信度高和符合产业导向的人力资源企业提供小额贷款及担保支持。二是搭建人力资源服务产业综合投融资平台，鼓励各类社会资本和各类风险投资机构进入人力资源服务业。目前，上海产业园与苏河湾公司等社会楼宇开发商参与了园区公共服务、基础设施建设。以构建多元化的园区建设投入机制为导向，创新人力资源服务产业投融资模式，重点支持和投向园区人力资源服务外包、人力资源衍生服务、人力资源传媒等处于成长期的产业领域，或者参与园区人力资源机构的业务重组、行业整合和产业优化，推动金融资本的融资优势和人力资源服务的产业优势互补，加快促进中小人力资源服务企业加快发展。三是建立人力资源产业基金。2018年总规模50亿元的上海东浩兰生人力资源产业基金发布，积极推进了与上海外服的沟通，加快实现与资本市场的融合与合作。日前上海产业园正在与外服产业基金对接建立人力资源产业基金，支持园区发展。入驻企业对园区金融服务非常满意。

4. 增值特色服务：开展行业沟通交流、宣传推广、素质提升等特色服务

上海产业园为入驻企业提供行业交流、人才素质提升、宣传推广、行业研究等专业化特色化服务，服务形式多样、内容丰富、成效显著。

搭建沟通交流服务平台。做好各地组织、人社等人力资源服务相关部门来上海产业园考察交流的接待工作，交流上海产业园在建设、管理和运营等方面的经验与亮点做法。与此同时，主动走出去到中原、西安、海峡、杭州等国家级产业园和深圳、青岛、济南等省市级产业园等考察，学习产业园运营建设的新做法新成效。园区组织人力资源公司与金融、科技创新企业需求对接活动，搭建人力资源与法律"融合共享"平台，增强人力资源服务业跨界融合。上海产业园发起并会同苏州、杭州、宁波、合肥人力资源服务产业园共同组建长三角人力资源服务产业园协同创新网络，开展项目对接，拓展服务领域。

搭建人才素质提升平台。在上海人才大厦建成高层次人才服务之家，搭建上海产业园人力资源企业高层次人才服务平台，为上海产业园高层次人才交流、培训、宣传、座谈提供更加专业便利的服务。将上海产业园人力资源企业负责人和高管纳入市级"新经济组织高层次人才培训基地"的培训，举办上海产业园非公人力资源企业高管培训班。通过开设"梅园大讲堂"、人力资源企业高管座谈会，主动上门为入园企业提供政策咨询服务，精准解读人力资源相关政策，全年共组织相关政策类培训十余次，企业政策咨询百余次。为提升人力资源服务产业园管理经营能力和创新发展能级，2019年9月，举办了人力资源服务产业园管理服务能力建设研修班，全国26个人力资源服务产业园的52名学员参加了培训。园区还组织人力资源服务机构赴上交所交流学习，促进了解国内资本市场和把握市场形势。

开展园区宣传推广活动。2018年园区组织重点人力资源服务机构50家次参加人力资源服务业的演变与未来主题分享，了解发展新形势。为加强上海产业园内部合作示范，2018年园区与上海外服集团合作举办了《2017年灵活用工业务现状与趋势报告》发布活动。2018年起每年举办"梅园论剑/Meiyuan Talk"系列活动，结合区块链、组织重构、资本运作等行业热门话题，现已累计举办15场论坛，集聚人力资源高管和CEO累计2000人次到现场，更有外省市人力资源专家和企业CEO赶来参加活动。举办3期"大咖谈创新"活动、1期"先锋讲坛"，通过有影响力的行业交流活动，共同分享创新理念，对接企业需求，促进产业健康融合发展。

加强行业基础研究。上海产业园是全国第一家人力资源服务标准化试点区，牵头起草了2个国家级标准，5个上海市地方标准，并正在积极建设国家人力资源服务产业标准示范区。开展人力资源服务市场指数研究和人力资源服务产业园评估指标体系研究。2019年编辑出版《开园有道：人力资源服务产业园建设发展手册》，以问答的形式，全面解读了人力资源服务产业园区建设重点难点问题，对人力资源服务产业园和人力资源服务业发展建设起到积极的促进作用。2019年编辑出版《梅园论剑：人力资源服务业高端论坛实录》，便于人力资源服务从业者和园区管理运营者了解掌握发展趋势，引领行业创新思考与发展，反响良好，品牌效应显现。

（四）园区政策管理情况评估

"政策管理"维度评估上海产业园规划设计、政策体系、组织架构、管理模式和运营模式，是产业园运营的政策组织保障。政策管理评估得分90.4。

1. 发展规划：以园区规划为指引，圆满完成既定目标任务

上海产业园建设以科学发展观为指导，以"集聚上海、辐射长三角、服务全国"为宗旨，立足高端，辐射全行业，努力将园区建设成为上海市、长三角地区和全国人力资源服务产业的战略高地。建设多年来，一直坚持以体制机制创新、产业引导和环境营造为重点，努力形成企业结构合理、创新研发一流、服务辐射全球的人力资源服务体系，推动人力资源服务业向专业化、标准化、国际化、信息化发展，园区各方建设圆满完成了规划既定的目标和任务。当前，上海产业园正紧密围绕长三角一体化国家战略规划，对接上海2035、2040发展规划，加快产业园规划更新，根据"一区多园"发展思路，研究上海产业园新一轮发展规划，增加上海产业园内招商楼宇资源供给，促进产业链的互补发展和产业间的协同发展。

2. 政策体系：聚焦产业集聚、创新发展、能级提升、人才引进，落实行业先行先试政策

上海产业园主动融入重大战略，充分发挥上海市和静安区两级政策积极性，加大对人力资源服务行业和园区的政策扶持。2019年市人社局、市发改委、市财政局联合印发《关于加快本市人力资源服务业发展的若干意见》，提出到2022年上海市人力资源服务业发展实现新突破，基本建设成为与上海市国际地位相匹配、具有全球竞争力和跨国服务能力的全球人力资源配置和服务体系的重要枢纽。2018年静安区修订印发了《静安区关于促进人力资源服务产业发展的实施办法》，聚焦人力资源服务产业集聚、企业创新发展、能级提升、人才引进四个领域，加大扶持，重点吸引总部型、实力强的知名企业入驻，重点鼓励本土人力资源服务机构海外拓展，重点引导人力资源服务机构研发创新产品。十年来，园区逐步探索建立起符合产业发展规律的激励引导政策体系，从支持人力资源服务产业集聚、支持人力资源企业创新发

展、支持人力资源服务企业能级提升、支持人力资源服务业人才培育等四大方面十四个项目促进人力资源服务产业实现高质量发展。根据2017—2019年统计，累计支持67家机构135个项目，支持资金达到3944万元。

上海产业园借助国家服务业综合改革试点工作，全力争取市人社局等有关部门的支持，落实6项行政审批许可权限下放、企业进驻门槛降低、"先照后证"、服务外包业务以及人力资源服务产业标准化示范区建设等"先行先试"政策。出台了产业园扶持促进政策，《中国上海人力资源服务产业园区建设管理办法（试行）》。全面实施了人力资源服务产业专业人才引进、中高级人才培训、现代服务技术项目合作、国际国内交流合作、创新创业成果转化激励等方面政策措施。根据人力资源服务产业的发展特征，落实了创业补贴、办公租赁补贴、管理服务等方面的优惠政策。鼓励围绕人力资源产业链各个环节的创业活动，对代表产业发展趋势的优质人力资源服务机构，整合叠加创业优惠政策，进一步拓宽融资渠道，降低融资成本，充分发挥园区的孵化功能。2019年度产业扶持政策扶持项目54个，扶持资金1568万元。根据入驻企业问卷调查结果显示，园区扶持政策的覆盖率为100%，企业的知晓度为100%，受益率为23%，政策满意度为"满意"。税收优惠、房租减免政策是受访人力资源服务机构最需要获得支持的，其次是建立产业扶持专项资金的政策，部分人力资源服务机构还希望加大公共服务外包、知识产权保护力度等。

3. 管理运营：建立起组织构架合理分工明确的管理体制，加强与专业化运营公司合作，实现了园区规范化管理

上海产业园建立了"联席会议+联席办+服务中心"的运营管理模式，形成了市政府决策部署、市人社局和区政府会商执行、园区服务机构日常管理的三级管理体制，组织架构合理、部门分工明确、相互配合，有效整合了多方资源，为园区的运营管理和政策落实提供了良好的机制保障。

同时，加强与专业化实力雄厚的园区运营公司合作，由静安区区内国企苏河湾公司做好园区配套服务工作，充分发挥政府和市场的优势与合力。结合人力资源服务产业特点，拓展对园区企业的市场化服务，加快推进中国上海人力资源服务产业园区转型升级。

园区各项管理规章健全，制定《上海人才大厦入驻企业管理暂行办法》，建立了规范化和常态化企业管理服务机制，分层分类全面做好人力资源服务机构的服务联系工作，2019年通过实地走访和座谈会等形式走访服务企业150家次，调研走访重点关注企业发展需求，涉及职能范围内的问题，发挥人社系统职能优势，整合资源，多方联动，涉及跨部门的问题，主动沟通，共同服务。根据入驻企业问卷调查结果显示，企业对园区管理运营公司管理服务满意度为"满意"。

（五）园区经济效益情况评估

"经济效益"评估上海产业园推动人力资源服务行业发展的贡献，包括产出水平、土地效益、税收贡献等方面。经济效益评估得分93.2。

1. 产值规模：园区营收多年保持快速增长趋势，2019年有所下降

上海产业园建园十年来取得了良好的经济效益，园区内的人力资源服务企业营收和落地税收均实现同步递增，园区各项指标呈现良好发展势头。2011年营业收入100亿元，2016年营业收入484亿元，2011—2016年，园区营业收入年均增长41.8%，超额完成园区规划确定的年均增长20%的目标。2017年、2018年营收尚未统计，但据以往产业园税收营收比估算，2017—2018年产业园营业收入突破500亿元。依据2019年年检数据，园区营收为286亿元，较往年收入有大幅下降。原因：一是统计口径有变化，此次营业收入使用年检数据，静安、闸北两区合并以后相关统计口径有变化，目前统计企业数不含培训机构，2015年数据含培训机构。二是受国内经济下行压力和中美经贸摩擦加剧影响，人力资源服务业短期内面临较大压力。此外，上海产业园单位面积产值为16.38万元/平方米，略高于国家级产业园平均单位产值14.05万元/平方米。

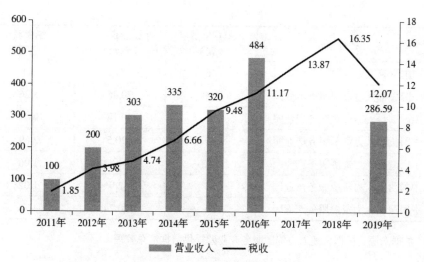

图3 2011—2019年上海产业园营业收入和税收（亿元）

2. 税收贡献：园区税收连续多年在国家级产业园中排名第一位

十年来，上海产业园人力资源服务业税收贡献年均递增20%以上，2016至2019年园区企业累计实现税收53.5亿元，为地方经济发展做出了积极贡献。2019年全年累计实现税收12.07亿元，是2011年1.85亿元的6.5倍，是2015年9.48亿元的1.3倍。在国家级产业园排名中，上海产业园税收连续多年排名第一（见表2），2019年税收超过10亿元的产业园仅有上海和苏州两家产业园，与杭州、深圳第二梯队4亿元税收相比保持较大领先优势。同样受经济下行影响和统计口径的变化，2019年全年累计实现税收总额12.07亿元，较2018年的16.35亿元下降26.2%。此外，上海产业园单位面积税收为0.69万元/平方米，大幅高于国家级产业园平均单位面积税收0.38万元/平方米。

表2 2019年国家级人力资源服务产业园经济效益指标

名称	入驻企业数量（家）	营业收入（亿元）	纳税额（亿元）
中国上海人力资源服务产业园	318	——	12.07
中国重庆人力资源服务产业园	86	85.13	1.49
中国中原人力资源服务产业园	57	70.6	2.07
中国苏州人力资源服务产业园	380	400	12
中国杭州人力资源服务产业园	247	383	4.81

名称	入驻企业数量（家）	营业收入（亿元）	纳税额（亿元）
中国海峡人力资源服务产业园	46	51	2.1
中国成都人力资源服务产业园	190	70.46	3.26
中国烟台人力资源服务产业园	53	20.14	0.47
中国长春人力资源服务产业园	49	120.5	2.69
中国南昌人力资源服务产业园	176	74.5	1.06
中国西安人力资源服务产业园	74	42.9	1.02
中国深圳人力资源服务产业园	86	120.74	4.75

数据来源：根据各地人力资源服务产业园提供数据汇总整理。

（六）园区社会效益情况评估

"社会效益"评估上海产业园在促进就业创业、培养引进人才、提高劳动者技能、产业促进等方面发挥的积极贡献。社会效益评估得分92.8。

1. 就业创业：上海产业园充分发挥就业创业主渠道作用，积极助力脱贫攻坚行动

2018年，园区帮助实现就业和流动人数230万人次，为6.8万家次用人单位提供服务。2019年，帮助实现就业和流动人数254万人次，为4.1万家次用人单位提供服务，举办各类招聘会600余场次，为20余万人次提供应聘、求职服务，为502.6万名高校毕业生提供就业岗位。与其他国家级产业园比较（见表3），帮扶就业和流动人数仅次于深圳产业园，排名第二位；服务用人单位数排名第四位，因此上海产业园服务规模仍有待提高。

园区还积极助力脱贫攻坚行动，加强与贫困地区扶贫部门、贫困劳动力需求对接，为贫困劳动力提供精准对接服务。组织北京中科航天人才服务有限公司上海分公司、博尔捷集团、上海红海捷程服务外包有限公司、上海吉程人力资源有限公司、职库（上海）人力资源有限公司等机构赴云南砚山开展"百企结百村"精准扶贫工作，举办精准扶贫专场招聘会，提供岗位398个，招聘人数达1000余人。

表3　2019年国家级人力资源服务产业园社会效益指标

名称	服务人次（万人次）	服务用人单位（万家、万家次）	帮扶就业和流动人数（万人次）	提供就业岗位（万个）	引进高层次人才（万人）
中国上海人力资源服务产业园	——	4.1*	254	——	1.7
中国重庆人力资源服务产业园	104.2	3.93	23.6	16.1	——
中国中原人力资源服务产业园	515.2	2.8	51.5	——	——
中国苏州人力资源服务产业园	——	10	30	45	1
中国杭州人力资源服务产业园	776	15.2	28.36	5	0.69
中国海峡人力资源服务产业园	40	3*	——	26.55	——
中国成都人力资源服务产业园	39.09	2.42	42	36	1.2
中国烟台人力资源服务产业园	110	2.5	——	5	0.3
中国长春人力资源服务产业园	30	0.31	230	2.37	0.27
中国南昌人力资源服务产业园	196	——	31.6	——	——
中国西安人力资源服务产业园	140	1.43	136.2	2.132	——
中国深圳人力资源服务产业园	811.7	37.1*	524.2	45.4	10.2

注：*为服务用人单位家次
数据来源：根据各地人力资源服务产业园提供数据汇总整理。

2. 人才引进：打造人才"一站式"服务平台，2019年引进高层次人才1.7万人

上海产业园充分发挥人力资源服务机构集聚优势，通过政策吸引、环境营造等方式，打造人才"一站式"服务平台。除人力资源和社会保障公共服务机构外，法德签证中心、上海市出入境管理中心等公共服务机构先后入驻，增强了园区的要素集聚和服务支持，惠及各层次各类人才。2019年上海产业园为全市引进高层次人才1.7万人，引进人才数量在国家级产业园中排名第二。引进外国专家1.2万人，为8.5万外国人和2.7万台港澳人士提供核发就业证服务。园区每年举办人力资源服务企业专题研修班，分层次、分业态开展培训，有针对性地提升人力资源服务行业人才的素质和能力。园区还积极打造国内人力资源服务行业人才培训基地，浙江省、湖北省等专程到园区举办行业高管培训班。上海人才大厦作为中国浦东干部学院的现场教学基地，每年接待全国各地干部到园区参观学习，已累计超过2000人次。

3. 产业驱动：产业园服务国家地方战略，打造行业品牌，提升园区影响力

上海产业园培育打造一批具有国际竞争力的中国人力资源服务品牌和具有地方特色的区域人力资源服务品牌。产业园区内有任仕达企业管理（上海）有限公司和上海人才网（集团）有限公司两家企业被评为"上海名牌"，此外，上海外服、中智、东浩、国服贸易等都在园区投资设立子公司，拓展新的业务范围。园区内上市公司数量8家，孵化培育成功企业73家。

产业园内人力资源企业主动参与"一带一路"、自贸区建设等国家战略以及本市重大工程建设，定制、研发和使用个性化、专业化人力资源服务产品，形成行业品牌。园区内服务上海战略新兴产业的人力资源企业数量21家，占全部企业数量的6.6%，产业园成为上海现代服务业发展的新的经济增长点，也使上海成为国内乃至在亚太地区较有影响力的人力资源服务枢纽及重要节点平台。

产业园利用市场机制，举办人力资源服务业国际高峰论坛、研讨会，近年来定期组织召开中国人力资源服务产业园峰会，来自全国各地人力资源服务产业园、人力资源服务机构及行业专家等80余名代表云集上海市，共同探索人力资源服务产业园协同创新发展前景，召开中国（上海）国际人力资源服务产品与技术大会，展示全球最新的产品、技术和解决方案，打造国际标准的学术交流平台，提升行业知名度和影响力。

产业园加强政府职能部门、园区平台载体、人力资源服务机构和有关高校等社会资源合作，依托专业优势，通过聚集一批国内外优秀的经济、社会、产业、人力资源等领域专职或兼职研究力量。鼓励企业建立人力资源研发中心，以科技驱动行业发展，目前已成立研发中心数量6个，开展产品服务、商业模式、关键技术等创新，产业园重点引导人力资源服务机构研发创新产品，2018年度产业扶持政策扶持项目32个，扶持资金1330万元。

4. 诚信建设：园区企业推进诚信体系建设，制定贯彻行业标准体系

产业园充分发挥行业协会在制定服务标准、规范服务行为、行业协调等方面的作用，推进行业自我规范、自我监督、自我管理和自我发展，促进行业自律和诚信体系建设。2019年上海人才服务行业协会人力资源服务诚信示范机构活动中，园区有23家企业入选，占全部企业数量的7.2%。园区发挥行业协会和企业作用，在人才测评、猎头、人力资源外包等各个业态领域，研制并贯彻行业标准体系。通过"上海人力资源服务业百强机构排名""上海人力资源服务业百强机构排名（招聘、咨询、培训类）""人力资源服务诚信示范机构活动"等项目，推动行业品牌建设，树立本土优质人力资源服务机构品牌，扩大上海人力资源服务业在全国和其他行业的影响。

五、问题与建议

（一）存在问题

（1）园区载体建设配套设施有待拓展完善。随着产业园入驻企业的不断集聚和业务功能不断拓展，现有人才大厦、新理想大厦、新发展大厦等主体楼宇载体依然不能满足企业入驻需求和拓展业务需要。在办公配套方面，尽管增加了部分公共会议室、培训教室、路演室等共享场所，但仍存在供不应求的问题。在交通出行方面，产业园周边存在车位少、停车难的问题。在人才公寓方面，园区范围内没有建设人才公寓，可按照市区相关人才政策申请人才公寓，但存在房源少、入驻门槛高等问题。

（2）知名企业引进培养力度有待加强。上海市不断加快人力资源产业、政策和人才聚集，加快形成总部经济和创新研发中心全球化的集聚区，国内外多家知名人力资源服务企业总部纷纷落户上海市，但上海产业园入驻企业中仅包括任仕达（中国）总部、上海东浩、前锦众程、万宝盛华、诺姆四达、海德思哲、米高蒲志等国内外知名企业22家，仅占园区全部人力资源机构320家的6.9%，引进知名企业力度有待加强。同时部分本土企业规模小、业务种类单一、服务产品有待优化升级。

（3）新产品研发创新能力有待加强。2019年产业园新产品研发创新数量仅为12项，难以满足市场多样化需求，原因主要在于首先企业创新投入不足，创新人才紧缺，创新意识不够，企业希望在新业务、新产品拓展方面得到政府的引导和支持。其次，由于人力资源服务行业知识产权保护法律体系不健全，侵权取证难度大，专利行政执法保护力度不够，企业知识产权保护意识缺乏等原因，部分企业研发的新产品新技术被其他同行效仿后造成恶性竞争等不良后果。

（4）园区信息化智能化建设有待提升。如何利用互联网等新技术与人力资源服务协同发展是上海产业园转型升级的重要推动力量，目前上海产业园"互联网+"等新兴业态企业数量仅为39家，有待进一步引进扶持。此外，与其他产业园相比，上海产业园在智慧园区建设、综合网络服务系统、线上交易服务平台、人力资源大数据应用服务等方面仍有待完善。

（5）园区政策有待完善细化。上海产业园充分发挥市区两级的积极性，出台了一系列相关产业、财税、人才等政策，但这些政策、资源过于分散，许多政策信息资源在园区内不能实现及时共享，2019年政策受益率仅为23%，部分企业由于对政策了解不全面不及时或申领程序复杂滞后等原因没有享受到相关优惠政策，希望园区将政策进行整合，并组织园区企业定期宣讲或网上发布并实时更新政策。同时伴随着原有政策即将到期等问题，亟待园区主管部门研究制定新一轮政策，政策覆盖范围需进一步扩大，政策扶持的针对性、有效性和持续性有待增强，从而助推企业发展壮大和园区转型升级。

（6）园区经营效率有待提升。上海产业园营业收入和税收在国家级产业园中多年来保持领先地位，但近年来领先优势逐渐缩小，2019年营业收入和税收较2018年呈下降趋势，另外园区单位面积产值和税收即土地利用效能指标在国家级产业园中排名中等，原因主要在于受到经济下行的影响，以及政府为创造良好的营商环境，为企业减轻负担而实行大规模减税降费政策导致税收减少。因此，上海产业园应建立优胜劣汰考核机制，实施动态化管理；企业自身应从盈利方式和盈利能力方面转型升级。

（7）园区社会效益有待提高。人力资源服务产业园服务国家战略、促进就业创业、人力资源开发配置等带来的社会效益更加深远。上海产业园在发挥帮扶就业、人才引进等方面发挥了积极作用，但园区内为上海新兴战略产业服务的人力资源机构较少，仅为21家，参与扶贫项目的企业仅为6家，企业积极性和参与度有待进一步提高。

（二）对策建议

1. 制定园区发展"十四五"规划

以国家"十四五"规划为引领，在长三角更高质量一体化发展国家战略背景下，研究制定上海人力资源服务产业园区"十四五"发展规划。根据国家级人力资源服务产业园区定位，借鉴国内外各类专业园区建设的最新成果，在对园区现有规划进行优化提升的基础上，重点在楼宇调整、设施配套和多元文化等方面，加快梳理和调整园区原有的空间规划布局。根据"一区多园"发展思路，研究上海产业园规划，增加上海产业园内招商楼宇资源供给。同时，调整和优化园区的发展目标体系，充分体现"产业集聚规模化、服务功能多样化、协调管理一体化和空间布局人性化"等内涵，并以"服务订单的签发地、产业技术的研发地、国际采购的集散地、中外信息的交换地、高端论坛的举办地和机构创业的孵化地"为导向，进一步放大园区功能集聚与辐射效应，将上海产业园打造成为服务长三角区域一体化等国家战略示范区。

2. 加强载体配套设施建设

充分整合利用园区现有楼宇及新开发资源，以上海人才大厦、新理想大厦为主要载体，增加园区招商楼宇资源供给，为园区产业集聚提供发展空间。不断扩大产业园辐射区和功能拓展区，实现资源集约、产业集群、功能集合的高效发展模式。适应园区国际性人力资源机构的集聚优势和多元文化需求，以调整和完善园区所在社区统一规划为基础，增设、改建和完善包括大型超市、进口商品超市、体育休闲、餐饮等商业服务设施。与相关部门沟通协调，积极落实人才公寓政策，加大补贴范围和力度。

3. 加快优质企业引进培养

根据创新驱动、转型发展的总体要求，要着力提升人力资源服务业在促进现代服务业发展中的先导作用，以高端推动、产业引导、政策扶持和环境营造为重点，进一步延伸服务功能、提升品质，促进产业链的互补发展和产业间的协同发展。加大国内外优势企业引进力度，重点吸引总部型、实力强的知名人力资源企业入驻园区，优化审批流程，加快优势企业引进落户。组织园区企业抱团走出去，提高从业人员专业化、职业化水平，加快培育发展有市场、有特色、有潜力的专业化人力资源服务骨干企业，引导企业精细化分工，不断向价值链高端延伸。

4. 鼓励企业研发创新

产业园应积极引导支持人力资源服务机构开展产品服务、商业模式、关键技术等创新。一是出台创新扶持奖励政策，加大对人力资源服务产品研发和创新的支持力度。二是搭建企业研发创新平台，运用大数据、云计算、移动互联网、人工智能等新技术，促进人力资源服务产品、服务模式创新，鼓励园区企业设立研发机构，加强服务手段、商业模式、关键技术的研发和推广应用，鼓励园区企业与互联网企业开展技术合作，探索设立人力资源服务产业基金、创新基金，扶持人力资源服务企业进入资本市场。三是加强知识产权保护，加大对知识产权侵权行为的处罚力度，对严重和屡次侵权者要将其纳入企业和个人信用"黑名单"；加强创业创新过程中的知识产权保护，特别是科技型中小企业在原始创新、二次开发、科技成果转化和产业化过程中的知识产权保护。四是激发企业用人主体的能动作用，引导企业重视创新型科技人才的引进和培养工作。引导企业与高校科研院所加强联系，全力支持企业建设各类人才载体。

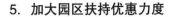

5. 加大园区扶持优惠力度

充分释放上海产业园创新试点的政策红利，争取国家和上海自贸区政策在园区内先行先试，为中国人力资源服务走出去，为上海四大品牌参与全球竞争助力。优化政策流程，加大政策宣传力度，体现精准扶持、激励创新的力度和动能。尽快研究出台新一轮产业扶持政策，进一步完善引才奖励、运营补贴、活动补贴等一揽子政策和实施细则。力争新政策在税收减免、租金减免、引才奖励、品牌奖励等方面相对大幅提升，及时兑现引才、租金、税收等优惠政策。积极鼓励政府和公共部门向园区企业购买人力资源服务，率先在人员培训、人才测评等方面展开试点。

6. 推进园区经济效益实现新突破

积极推动园区企业提质增效，推进园区经济效益再上新台阶。一是做好园区外物理空间拓展和园区内机构"腾笼换鸟"两篇文章，优化完善园区管理制度，建立入驻机构考核淘汰机制，逐步清理园区内一批发展不快、定位不准的存量企业，将更多空间留给实力雄厚、辐射力强、具有市场竞争力的优质企业。二是大力发展高级人才寻访、人力资源服务外包、管理咨询、信息软件服务、薪酬绩效管理等新兴业态和产品，提升传统基础业态品质，鼓励在传统招聘服务、劳务派遣等业态领域做精做细，形成品牌效应。三是做好产业园企业管理、产业园运营服务工作，为人力资源服务产业园入驻企业培育商机、资源整合、品牌建设等全方位服务。

7. 实现园区社会效益同步提升

充分发挥"集聚企业、集聚人才、拓展服务、培育市场"的重要作用，为就业优先战略、人才强国战略、脱贫攻坚战略、长三角一体化提供人才支撑。积极开展就业咨询、就业指导讲座、就业政策宣讲服务，帮扶高校毕业生、农民工和就业困难群体等三类人员解决就业问题。鼓励发展、积极引进高端猎头等专业化服务机构，举办高层次人才成果展、高层次人才洽谈对接会、人才专场对接会等活动，搭建人才"一站式"服务平台。组织园区企业参与跨区域劳务协作，发挥人力资源机构市场优势，引导农民工有序转移就业，加强与贫困地区扶贫部门、贫困劳动力需求对接，为贫困劳动力提供精准对接服务。

8. 举办有国际影响力的行业交流活动

利用市场机制，举办人力资源服务业国际高峰论坛、研讨会，打造国际标准的学术交流平台，促进国际交流合作，支持人力资源服务机构"引进来"，鼓励园区内人力资源服务机构"走出去"，强化行业与知名国内外人力资源机构的合作，加快形成良好的产业园品牌。加强政府职能部门、园区平台载体、人力资源服务机构和有关高校等社会资源合作，依托专业优势，通过聚集一批国内外优秀的经济、社会、产业、人力资源等领域专职或兼职研究力量，加强人力资源服务产业发展研究和行业培训。同时，依托社区服务资源，通过引导成立职业经理人沙龙等平台，定期或不定期举办各类丰富多彩的主题活动，构建园区发展的活力空间。

中国苏州人力资源服务产业园评估报告[①]

中国苏州人力资源服务产业园是继上海、重庆、河南人力资源服务产业园之后第四个国家级人力资源服务产业园，也是全国地级市中首个国家级人力资源服务产业园。自2014年10月开园以来，在平台建设、管理运营、政策体系、服务保障等方面进行了积极探索，取得了良好的经济社会效益。2018年，苏州人力资源服务产业园入驻企业已超过350家，从业人员超5800人，营业收入突破350亿元，税收超10亿元，形成涵盖招聘、猎头、薪酬、测评、咨询、人力资源软件及综合解决方案在内的完整产业链。产业园的建设发展，有力保障了区域经济发展所需的人力资源供给，在企业招工用工、人才引进、人力资源服务等方面发挥了积极作用，为区域经济发展带来新的增长点；有效引导规范了劳动力市场秩序，切实维护了劳动者的权益，为公共服务与市场化服务同步发展搭建了良好的平台。

一、评估目的

为总结中国苏州人力资源服务产业园发展成效经验，推动引领园区更高水平发展，将建立系统性综合性的人力资源服务产业园评估指标体系、评估方法和评估流程，对园区的平台建设、政策体系、管理运营、服务保障、经济社会效益等情况进行全面评估。有助于总结苏州产业园发展经验、存在的

---

① 本附件为苏州市人社局2019年委托课题《中国苏州人力资源服务产业园评估研究》。

问题，为地方和国家人力资源服务产业园认定和考核工作提供依据；同时为苏州人力资源服务产业园"十四五"发展提供指导方向，推进苏州人力资源服务业和产业园高质量发展。

二、评估依据

中国苏州人力资源服务产业园评估指标体系编制以党的十九大和十九届三中、四中、五中全会精神为指引，贯彻落实人社部《关于加快发展人力资源服务业的意见》《人力资源服务业发展行动计划》《人力资源市场暂行条例》《国家级人力资源服务产业园管理办法（试行）》江苏省《关于加快人力资源服务业发展的意见》、苏州市《关于加快推进人力资源服务业发展的若干实施意见》《苏州市市级人力资源服务产业园区认定办法》等政策文件要求。其中《人力资源服务业发展行动计划》（人社部发〔2017〕74号）明确提出"开展人力资源服务产业园建设评估，对已经建成运行的产业园进行考核评估，总结园区平台建设、管理服务、机制创新、服务创新等方面的成效与经验"。《国家级人力资源服务产业园管理办法（试行）》（人社部发〔2019〕86号）明确提出"建立完善的国家级人力资源服务产业园评估考核指标体系，对产业园的发展情况进行评估考核。评估考核内容包括平台建设、政策体系、管理运营、服务保障、经济社会效益等方面。各地每年要开展自评工作，保障园区规范运营"。

三、产业园评估

（一）评估范围

此次评估对中国苏州人力资源服务产业园"一园多区"包括高新分园、吴江分园、常熟分园、昆山分园进行综合评估。评估时间范围为人力资源服务产业园2019年全年运行情况，数据统计期限自2019年1月1日起至12月31日止。

（二）实施步骤

1. 研究启动阶段

成立评估小组，主要由劳科院课题组成员担任，组织苏州人力资源服务产业园主管部门、行业专家提供咨询指导和数据支持。搜集人力资源服务园相关材料、发展战略、政策规划、经验做法，完成调研问卷设计和评估指标体系框架。

2. 指标体系建立阶段

首先，根据评估目标原则，初步建立起评估指标体系、评估流程、评估方法。其次，课题组赴苏州人力资源服务产业园进行了实地调研，召开研讨会邀请管理部门、专家学者和入驻企业对评估指标、数据采集、评估方法等进行研讨，会后根据专家意见对指标体系进行修改完善。再次，采取专家打分法对一级、二级、三级指标赋权重，建立评估指标模型。

3. 数据采集阶段

产业园评估指标数据来源有两类：一是定量指标，园区内企业填报数据和管理部门填报数据，由园区管理部门汇总整理得出，以及国民经济社会统计、人社事业统计数据获得；二是定性指标，如"园区是否建立公共服务平台"，再如"政策知晓度、受益率、服务满意度"等，由园区内企业满意度调查和访谈得出。

定性指标数据采集：课题组于2019年8月赴苏州产业园调研，访谈对象包括产业园管理部门、入驻企业、服务对象等。与产业园管理部门了解人力资源服务产业园的运行情况、取得的成效经验、存在的问题和不足，以及未来的主要工作方向、创新思路等进行深度交流；与入驻企业了解目前入驻企业经营发展情况，对产业园的政策、服务等方面满意度，需改进完善的政策服务等；与服务对象了解产业园服务的满意度等方面。同时发放"人力资源服务产业园入驻企业满意度调查问卷"获得了定性指标数据。

定量指标数据采集：2020年初，苏州产业园将2019年全年统计数据进行汇总提供给评估小组，再由评估小组对指标数据进行处理、加工，获得了定量指标数据。

4. 评估报告撰写阶段

综合收集的各类资料和数据，评估小组完成数据的汇总、分析和评估工作，撰写评估指标体系研究报告。

（三）评估结果

根据评估指标体系，得到了苏州人力资源服务产业园评估结果（见表4）。苏州人力资源服务产业园评估总分为4.137，较最高分4.724差0.587，根据评估等级划分在4分以上，被评估为"非常优秀"等级，表明了苏州人力资源服务产业园建设发展取得了显著的成绩；从不同评估维度看，其中"平台建设"得分为0.488，"业务规模"得分1.332、"服务保障"得分0.789、"政策管理"得分0.696、"经济效益"得分0.35、"社会效益"得分0.482。

表4 中国苏州人力资源服务产业园评估结果

	苏州产业园	最高分	最低分
1.平台建设	0.488	0.5	0.1
2.业务规模	1.332	1.5	0.3
3.服务保障	0.789	0.98	0.19
4.政策管理	0.696	0.744	0.072
5.经济效益	0.35	0.5	0.1
6.社会效益	0.482	0.5	0.1
总 分	4.137	4.724	0.862

为了方便不同维度之间横向比较，将"平台建设""业务规模""服务保障""政策管理""经济效益""社会效益"共六个维度取值区间标准化为[0,1]区间，相应地将评估维度打分结果标准化，据此得到苏州人力资源服务产业园评估结果示意图（见图1），由此可以分析出影响产业园绩效发展的主要因素。

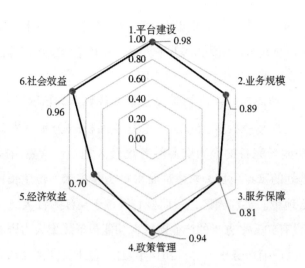

图4　苏州人力资源服务产业园评估结果示意图

由图4可以看出，苏州人力资源服务产业园在"平台建设""社会效益""政策管理"这三个维度指标相对值均在0.9以上，表明苏州产业园硬件配套设施完善，在政策规划、园区运营管理、社会效益方面取得了显著的成效。"业务规模""服务保障"指标相对值均在0.8以上，表明苏州产业园的人力资源服务业务规模以及公共等配套服务保障方面也取得了较好的成绩。"经济效益"指标相对值最低为0.7，表明苏州产业园在推动业态升级、提高企业经营效率、降低园区投入能耗方面有待加强。下面从不同评估维度分析苏州人力资源服务产业园经营发展情况。

四、产业园评估分析

（一）园区平台建设情况评估

"平台建设"维度包括产业园的载体建设，以及办公、商务、餐饮、住宿、交通等服务配套设施情况的评估。

1. 载体规模情况评估

苏州产业园以建设一流的国家级人力资源服务产业园为目标，打造功能完备、设施齐全的硬件载体。苏州产业园载体建设处于全国领先水平，采用

"一园多区"的建设模式，分别设立了苏州高新区、常熟市、昆山市和苏州吴江区分园区，总建筑面积为22.9万平方米，在19个国家级产业园中位列第二名，为促进产业集聚发展发挥了重要作用。

苏州产业园核心区——高新园区，主要依托高新区人才广场等载体建立，主导区人才广场总投资3.5亿元，总建筑面积5.5万平方米，是国内目前规模最大、功能最完备的人力资源服务集聚区之一。常熟园区，是常熟市"十三五"规划的重点项目，总建筑面积3.9万平方米，位于长三角一体化发展经济圈核心地带。吴江园区，一期核心区位于吴江人社大厦，总建筑面积3万平方米，设有5000平方米的产业园区，功能包括集聚人力资源机构、搭建公共服务平台及政府服务平台等；2014年7月，位于吴江区"伟业新都汇"一号楼二楼（约2500平方米）的产业园二期正式投入使用，为入驻人力资源服务产业园的企业提供了现代化一流硬件设施和软件功能。2016年10月，设立吴江经济技术开发区人力资源产业园区（共计2000平方米）。昆山园区，采取功能叠加和产城融合方式，规划"一核一城二基地"模式，核心区昆山人力资源市场大厦总投资约2亿元，建筑面积3.2万平方米，打造人才"引进、培训、管理、服务"四大平台。"一园多区"的建设模式既顺应了苏州地域分布广、经济多级增长的特点，又符合人力资源服务业属性，更便于为企业和劳动者提供人力资源服务，从而进一步扩大辐射带动作用。

为加强苏州产业园的辐射带动作用，苏州市人力资源服务集聚区现已扩展为10个，集聚人力资源服务企业超过510家，除苏州高新园区、常熟园区、昆山园区和吴江园区四个国家级分园区保持良好的发展势头外，还重点培育了相城区人力资源服务产业园和工业园区人力资源服务产业园，均已被认定为苏州市市级人力资源服务产业园。这些现代化的载体建设充分满足了未来人力资源服务企业的入驻需求，为产业园区的下一步建设和集聚发展提供了优质载体空间。

2. 配套设施情况评估

一是办公配套评估。苏州产业园为入驻企业提供现代化的办公空间，为了方便入驻企业展示和交流，配备了公共会议室、多功能厅、展厅、培训教室、洽谈室等办公配套设施。此外结合不同园区的特点优势，各分园区整合政、产、企、学、研等各方力量，融合政策、信息、技术、人才等各种要素，建立了创业基地、实训基地、科研基地等，为促进就业创业、提高劳动者素质提供了便捷高效的服务。常熟园区按照不同服务体系，划分不同办公区域。其中一号楼为智能制造实训基地，二号楼为青软实训基地，三号楼为创新创业服务广场，四号楼为综合服务中心，五号楼集人力资源服务机构办公区、展示厅、档案室、人力资源市场、劳动仲裁于一体，六号楼为北京大学分子工程苏南研究院，七号楼为先进金属材料及应用技术研究院，八号楼为园区配套餐饮休闲区域。昆山园区以昆山高新区阳澄湖科技园和开发区企业实训基地为中心建立了创新创业基地。充分发挥国家海外高层次人才创新创业基地、阳科园、工研院、留创园、两岸青创园等载体引进、培养人才的优势，发挥大学科技园品牌效应，强化政产学研合作，发挥国家博士后科研工作站的技术引领，促进企业科技成果转化、产业转型升级。

二是商务生活配套评估。除办公设施外，苏州产业园及周边提供了商业配套、生活配套、社区配套、人才公寓等综合配套设施。苏州高新区CBD商贸中心地带，集行政中心、商务办公中心、商业中心、文化体育中心于一身，周边中高档写字楼、银行、星级酒店林立，商贸设施齐全。高新园区内不仅配备有会务中心、保险、票务、快递、健身中心、员工餐厅、便利超市、咖啡吧、健康医疗等资源，还筹划成立高新区人事经理协会及人力资源行业协会，增加行业产业互动，促进入驻企业间的信息交流与分享。常熟园区形成线上线下最强技术支撑的园区服务体系，打造集健康、教育、信息、生活、餐饮、休闲等于一体的生活服务体系。昆山园区以昆山人才市场大厦为核心，设置了展示中心、会议中心、餐厅、求职者之家、党员红色驿站、公共会议室、咖啡吧、健身设施、母婴室等多方位的配套设施。此外，园区在花桥国际商务城配套建设了21万平方米的人才公寓，满足了多层次人才的住房需求。

三是交通配套评估。苏州产业园交通便捷，集公交、地铁、高速公路、高铁、城际轨道等交通设施于一体，形成了高效率、多功能、四通八达的综合性立体交通网络。各分园区均设有地下停车场，为入驻企业和办事人员提供出行便利。高新园区位于苏州市中心轴线三香路—狮山路，交通便利，园区交通路线布局不断优化，公交站点和路线不断增加，目前园区一公里范围内有地铁1号线滨河路站、西环路站，地铁3号线沙金桥站，15个公交站点和40多条公交线路，方便群众办事出行。常熟园区位于常熟市南部新城核心商务区，1小时经济圈覆盖上海、苏州、无锡等地，周边机场配套、高速环绕，地理条件优越，交通便捷；1小时经济圈覆盖上海、苏州、无锡等经济强市；周边高速路网环绕，更有上海虹桥、浦东及无锡硕放3个机场配套。吴江园区位于苏浙沪三省交会之处，太湖之滨，具备得天独厚的区位优势。昆山园区地处苏沪交界处，是昆山全面接轨上海、服务上海的桥头堡，途经园区公交线路8条，距离汽车客运南站不到500米，昆山南站1.5公里。苏州产业园"一园四区"交通便捷，与长三角地区、全国乃至全球建立了直接或间接的交通联系，为产业链的形成与发展提供了基础。

（二）园区业务规模情况评估

"业务规模"维度评估产业园市场化经营性服务主要业态的规模体量、结构比重、服务特色等，属于园区核心业务内容。

1. 园区集聚效应评估

经过多年发展，苏州产业园区已经集聚了一批优质的人力资源服务机构入驻，不仅在量上呈逐年上升趋势，更表现在质的提升和优化上，产业园的产业集聚效应和规模效应逐步显现。中国苏州人力资源服务产业园内入驻机构总数317家，其中总部企业9家，国内知名企业22家，国际知名企业5家。除国内外知名企业外，苏州产业园还注重本地骨干企业的引进培养，博尔捷、苏州英格玛服务外包有限公司、北京外企德科人力资源服务苏州有限公司等园区企业被评为苏州市人力资源服务业骨干企业。

2. 产业链效应评估

苏州产业园经过5年多的建设发展，形成了完整的人力资源服务产业链，产业园内人力资源服务企业的专业化分工越来越细，产品结构不断优化升级，形成了招聘、派遣、培训、猎头、咨询、测评、外包等人力资源产品服务业务在内的人力资源产品链及价值链。

人力资源经营性服务业务规模不断扩大。如表5所示，2019年全年招聘会场次522场次，提供就业岗位约81.6万个，应聘人数约64.4万人；网络招聘提供岗位约637.7万个，点击量近5亿次；派遣劳务约12.3万人，派遣人才约3.7万人；培训人数约6.5万人；高级人才寻访（猎头）2151人；测评4100人；服务外包约16.5万人。

表5　中国苏州人力资源服务产业园2019年业务统计表

单位：人、人次、场次

	招聘会数			派遣		培训人数	高级人才寻访	测评人数	服务外包人数	网站	
	场次	提供岗位	应聘人数	劳务	人才					提供岗位	点击量
高新	396	650000	580000	40000	36000	42000	1500	2100	90000	6100000	90000000
昆山	46	114042	34142	33000	1360	6800	434	2000	19327	276000	405000000
常熟	—	—	—	27403	—	1923	—	—	40472	—	—
吴江	80	51524	29654	22264	—	13849	217	—	15036	605	3170
合计	522	815566	643796	122667	37360	64572	2151	4100	164835	6376605	495003170

业态结构不断优化。按照业务类型分，如图2所示，苏州产业园入驻企业

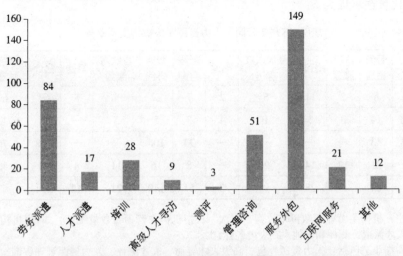

图5　苏州产业园人力资源服务机构主营业务分布情况

从事服务外包业务的企业最多，共149家；其次是从事劳务派遣业务的企业，共84家；再次是从事管理咨询的企业，共51家；从事测评业务的企业最少仅为3家；从事高级人才寻访业务的企业9家。

根据《关于加快发展人力资源服务业的意见》，人力资源外包、高级人才寻访、人才测评、人力资源管理咨询等新兴业态为人力资源服务高端业态。苏州产业园统计业态列表中"互联网服务"业属于新兴业态，因此也被列为高端业态。综合苏州"一园四区"，园区内人力资源服务企业所提供的产品服务涵盖了人力资源服务所有业态，从事高端业态的企业占比为62%，实现了产业的转型升级（见表6）。其中高新园区形成了全产业链，作为苏州产业园核心园区，承担中高端人力资源服务，高端业态比重为61%，对其他园区起到引领和示范作用。常熟园区以人力资源服务外包和管理咨询为主要服务内容，两项业务占园区业务比重为76%，但培训、人才寻访、测评和互联网服务有待进一步开发。昆山和吴江园区仍以派遣业务为主，高端业态比重分别为43%和42%，但两个园区互联网业务发展迅速，为园区和产业转型升级提供动力。表明苏州产业园以提供劳务派遣、职业介绍等低端人力资源服务产品为主的企业占比逐步缩小，而以高级人才寻访、人才测评、人才培训、"互联网+人力资源服务"等中高端人力资源服务为主的企业的比重逐步提高。

表6　苏州各分园区人力资源服务机构主营业务

	劳务派遣	人才派遣	培训	高级人才寻访	测评	管理咨询	服务外包	互联网服务	其他	合计	高端业态比重%
高新	6	2	11	6	2	7	22	5	8	69	61
昆山	14	3	3	1	1	3	5	5	—	35	43
常熟	43	—	—	—	—	33	106	—	—	182	76
吴江	21	12	14	2	—	8	16	11	4	88	42
合计	84	17	28	9	3	51	149	21	12	374	62

注：机构主营业务数量单位为"家次"，指机构主营项目数量统计，如1家机构主营包括人才派遣、测评和其他，在表内各计1次。

高端业态包括：人力资源外包、高级人才寻访、人才测评、人力资源管理咨询、互联网服务等新兴业态。

3. 产品研发创新评估

经济社会转型升级对人力资源服务产品和服务创新不断提出新要求，互联网技术、云计算和大数据技术的应用对人力资源服务业的影响日益加深。苏州产业园不断加快新产品、新业态和新技术的引进、开发和运用。

由苏州高新区人力资源服务产业园等打造的行业内首个人力资源服务产品线上交易平台正式发布。该平台把传统的人力资源线下业务整合到互联网服务范畴，实现人力资源管理需求、服务及技术的结合。平台将吸引知名人力资源机构将其服务产品在线上交易，构建一个集人力资源需求、供给、培训、研究、资本于一体的服务载体。

随着国家创新政策的实施，小创、小微企业数量的迅速增长，衍生出了巨大的社保服务需求。为了满足这些企业的需求，为他们提供可视化的社保账户管理和代理服务，诞生了众多"互联网+社保"服务机构。如金柚网是国内一家专门从事互联网社保的公司，依托基本社保账户代理、薪酬管理、人事管理及福利商城等服务模块为广大初创型公司、个体工商户提供人力资源服务。

人力资源云服务在苏州产业园获得了巨大的发展，北森、嘉扬、用友、上海外服、肯耐珂萨、智联招聘、前程无忧等国内百强机构纷纷投入该项服务，云服务更多被赋予了企业战略层面的意义。

（三）园区服务保障情况评估

"服务保障"评价苏州产业园提供的公共人力资源服务及信息化服务、金融服务、特色服务等配套服务保障情况。

1. 公共服务情况评估

苏州产业园在服务精细化和多样化方面为全国人力资源服务产业园做出了表率，集聚了涵盖就业、人才、社保等公共服务体系，为园区入驻企业和公众提供了便捷高效的服务。

高新园区整合了苏州高新区人力资源和社会保障局下属五个事业单位的公共服务职能，包括人力资源中心、社保中心、就业管理中心、劳动监察大队、劳动仲裁法庭。大厅现拥有服务窗口89个,为区内的企事业单位及个人提供人事代理、高层次人才服务、社会保险、就业服务、劳动监察、劳动仲裁、档案托管、户口挂靠等服务,2018年大厅业务办结量35万余件,服务区内企事业及群众11万多人次。

昆山园区公共服务依托昆山人才交流服务中心、就业促进中心公共平台,提供包括人才交流服务、毕业生服务、留学人员服务、外来人口服务、求职服务,同时免费为入驻产业园服务机构提供人事档案公共服务:人才落户、人事档案接转审核管理、人才创新创业扶持、人才测评、就业指导、就业援助、录用退工登记、社保查询、流动党员教育管理等服务。此外还提供行政许可、企业注册、法律、科技综合、税收等区域性综合公共服务功能。

常熟人力资源服务产业园集公共服务体系、国际人力资源服务体系、线上产业园服务平台于一体,提供涵盖科技产权、市民服务、社保就业、财税综合等各类服务功能,设立综合服务中心,打造"管家式"服务体系,借助"一站式"综合服务平台,为入驻机构提供办理注册登记、证照审批等多项服务,让入驻机构真正实现拎包入驻、安稳发展。

吴江产业园具备公共行政服务、信息服务、商务服务等功能,为园区企业和群众提供就业服务、社会保险、劳动维权、人事人才、社保卡服务和公共查询等公共服务。

2. 信息化服务情况评估

苏州产业园借助互联网、云平台和智能化手段,努力建设集软硬件于一体的人力资源智慧园区,兼顾线上线下综合服务能力,汇聚园区内各人力资源机构优势服务于园区数字化平台。园区建立了中国苏州人力资源服务产业园网站,全时制地为园外企业入驻园区、招商发包,个人申请人力资源服务提供服务,每年可为企业节约人力资源服务成本5000万元以上。

高新园区成立人力资源服务业产学研基地和数据信息中心,搭建人力资源服务网络信息平台,将各分园区和园区外人力资源服务企业有效地链接在一起,并对其他园区起到引领和示范作用,成为园区宣传的窗口单位。

吴江园区依托"吴江区就业新干线""吴江人才网""吴江经济技术开

发区人力资源网""汾湖人才网""劳动就业综合管理系统"，以及覆盖全区三级的人力资源服务网络和劳动就业管理六到位的工作平台，实现了"招聘信息进村入户""家门口求职应聘"等功能。

昆山园区人力资源数据平台，包括统一企业库、求职数据库、求职供需对接数据池、企业需求分析、人才结构分析、人才预警系统等。

常熟园区努力打造集线上线下服务于一体的创新型数字化园区，提供系列化一站式数字化服务，一是实现内部高效管理，通过数字化园区平台，有效整合前后台一体化管理服务。二是实现用户数据智能采集，通过大数据挖掘分析，把整个服务行为进行数据化、个性化处理，将大数据与各种资源相互融合，使资源能够更全面地加以整合利用。

3. 专业特色服务情况评估

苏州产业园为入驻企业提供优质的增值服务和专业化特色服务。产业园实施了6S服务多位一体的增值服务体系，为企业提供一系列增值服务。第一，公共技术服务。提供公共资讯平台、劳动人事办公服务平台、网络数据服务平台、人才信息库共享、产业联盟等。第二，代理服务。代办行政许可、工商注册、税务登记、知识产权代理、统计中心等。第三，市场推广。包括人力资源行业协会、大厦市场推广、信息发布、推介、策划、宣传、网站、论坛等。第四，投融资。涉及风险投资公司、创新基金公司、担保公司、投融资咨询等。第五，商务空间。提供不同规格的会议室、多功能厅、贵宾厅、培训教室、展厅等。第六，物业生活服务。包括健身中心、餐厅、便利店、票务、快递、财产险及公众责任险等增值的配套服务，全方位提供"管家式"的解决方案，消除企业的后顾之忧。

此外，园区管理部门利用自身的信息优势，强化对园区内企业的信息服务，包括宏观经济政策、劳动保障法律法规、行业发展、市场需求等各方面的信息，积极举办有国内乃至国际影响力的行业交流活动等。组织园区内企业开展有针对性的培训，根据本地区人力资源服务业发展的需求，积极开展行业发展的专业技术人员的培训工作。搭建园区内企业合作交流平台，通过开展行业座谈研讨、培训提升、考察参观等多种方式，让入驻企业有更多交流借鉴、相互学习、共促提升的机会。同时，在交流中相互探讨行业发展问题和前景，拓展企业发展思路，增加企业合作机会，在共赢中不断发展壮大。

（四）园区政策管理情况评估

"政策管理"评估苏州产业园规划设计、政策体系、组织架构、管理模式和运营模式，是产业园运营的政策组织保障。

1. 园区发展规划情况评估

为进一步加快人力资源服务业发展，推动中国苏州人力资源服务产业园建设健康有序进行，在实地调研、专题研讨、专家论证、部门征求意见的基础上，制定了《中国苏州人力资源服务产业园发展规划（2014—2018年）》。《规划》确定产业园建设的总体目标为：以国家级园区的建立为契机，推动园区"上规模、上水平、上质量、上效益"，培养人力资源服务新兴产业，促进人力资源服务企业规模不断扩大，服务质量不断提高。截至2018年，将园区建设成为"国内一流，与国际接轨的人力资源服务引领辐射区"。经过五年多的建设发展，苏州产业园已圆满完成规划中的目标任务。当前正在制定下一个五年规划，指引园区向更高水平前进。

2. 园区政策体系建设情况评估

为苏州人力资源服务业和产业发展构建良好的制度环境，苏州市制定出台了《关于加快推进人力资源服务业发展的若干实施意见》《关于加快推进人力资源服务业发展的若干实施意见任务分解方案》《人力资源服务业发展专项资金使用管理暂行办法》《苏州市市级人力资源服务产业园区认定办法》等一系列文件，明确了人力资源服务业发展的指导思想、目标定位和加快推进人力资源服务业和产业园发展的具体措施，规范了专项资金的使用管理，对产业园的建设规划、立项审批、运营管理和配套服务等提出要求。各分园区出台了产业园优惠扶持政策，包括注册优惠、房租补贴、财政奖励、金融优惠、人才政策等。

政策优惠落实情况。以上产业及园区优惠政策全面覆盖到园区每家企业，通过对园区企业的走访和座谈，各家企业对苏州产业园的优惠政策条款和申报流程非常了解。符合条件的企业都享受到了产业园提供的优惠政策，政策满意度高。

苏州产业园在园区规划、管理运营方面均取得了较好的成绩，在园区建设初期，结合实际特点制定园区发展规划，出台了优惠政策和保障措施，形成了合理的管理运营模式，为园区发展提供了有力的组织保障和政策保障。

3. 园区管理运营情况评估

苏州产业园采取"政府推动、市场化运作"的运营管理模式，遵循"整体规划、市区联动、分区运营"的原则，更好地实现集约高效的管理。

（1）成立了苏州市推进人力资源服务业发展暨国家级人力资源服务产业园建设工作领导小组，以加强对全市人力资源服务产业和人力资源服务产业园的组织领导。

（2）成立了产业园管理办公室，与市人社局就业促进与市场管理处合署办公，各分园区也成立了分园区管理办公室。通过明确岗位职责、建立会议、统计、台账等制度，进一步理顺了园区内部关系，落实了工作责任，强化了内部协调。昆山市人社局就业促进与市场管理科下设中国苏州人力资源服务产业园昆山分园管理办公室，主要负责产业园区规划落实、政策实施，统筹协调日常管理服务。吴江区批准设立人力资源产业园管理办公室，配备相关工作人员负责吴江园区日常管理和正常运营。

（3）高新园区、常熟园区成立了专业化的运营公司，具体负责产业园区的日常管理运营。高新园区日常工作由苏州高新区（虎丘区）人力资源开发管理中心负责，中心下设苏州高新区人力资源服务产业园有限公司，负责产业园企业招商、客户服务、物业管理等工作。常熟园区采取政府引导、多方参与、政企投资、市场化运作的管理运营模式。园区建设由政府领导推进，协调社会各方优势力量共同参与，并建立市场化、专业化运作机制，引入企业化管理模式，促进产业园规范有序发展。

由此可见，苏州产业园基本形成了较为完整的组织管理体系，有力促进了产业园区的各项建设管理工作，为园区实现规范持续发展创造了良好的体制机制保障。

（五）园区经济效益情况评估

"经济效益"评估苏州产业园推动人力资源服务行业发展的贡献，包括产出水平、土地效益、税收贡献等方面。

1. 园区营收、税收情况评估

截至目前，中国苏州人力资源服务产业园2018年人力资源机构营业收入突破350亿元，税收超10亿元。营收是2015年的120亿元的近三倍，连续三年保持20%的增长速度。税收是2015年的5.5亿元的近两倍，年增长速度连续多年超15%以上。在国家级人力资源服务产业园中，苏州产业园营收和税收规模均位居第二，实现了跨越式增长，成为当地经济增长的新引擎。

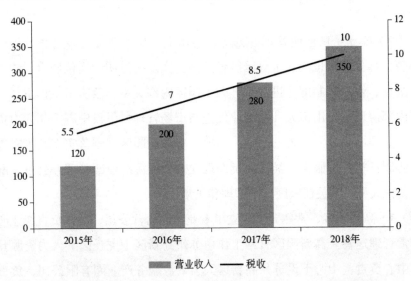

图6　2015—2018年苏州产业园营业收入、税收（单位：亿元）

2. 园区土地利用效益情况评估

单位土地产出和税收是反映产业园土地利用效率的一个重要指标，从这两个指标情况看，苏州一园多区已投入运营载体建筑面积共25.83万平方米，单位面积营业收入25.83亿元，单位面积税收0.74亿元，处于国家产业园领先水平，但与上海产业园相比，单位面积营业收入和税收均不足上海产业园的五分之一。因此，苏州产业园应提升园区运营效率，提高人力资源服务产品技术含量和附加值，减少低产出、高投入、高资源占用率的企业和项目，注重节能降耗，提升土地利用绩效，提高产出率和税收贡献率。

（六）园区社会效益情况评估

"社会效益"评估苏州产业园在促进就业创业、培养引进人才、提高劳动者技能、产业促进等方面发挥的积极贡献。

1. 园区促进就业创业情况评估

人力资源服务产业园充分发挥促进就业创业、优化人力资源配置、促进创新驱动和产业转型升级的重要作用，为产业发展提供职业介绍、派遣外包、职业培训、管理咨询等一揽子人力资源服务解决方案。2018年苏州产业园入驻企业服务用人单位10万家，帮扶就业和流动人数30万人次，年吸纳就业30万人，提供就业岗位达45万个，提供高校毕业生就业岗位2万个。

2. 园区促进人才引进情况评估

人力资源服务产业园为当地企业培育、引进转型升级与高质量发展所需的各类人才发挥重要支撑作用。苏州产业园通过出台企业引才奖励等优惠政策，积极打造集人才引进、人才服务、培训和管理为一体的人力资源服务平台，多渠道引进高层次创新型人才，培养具有活力的创新型人才队伍，2018年园区入驻企业年引进各类人才1万人。

3. 园区促进产业驱动情况评估

苏州产业园积极培育行业骨干企业、培养行业领军人才、构建行业诚信体系、鼓励支持承接高层次人才引进活动和项目来扶持人力资源服务机构发展。2018年新引进入驻企业100余家，成功孵化企业50余家，6家企业已成功上市。另外，累计有27家人力资源服务企业被认定为"江苏省人力资源服务骨干企业"；9人被评选为江苏省人力资源服务业领军人才；3家企业被认定为"江苏省著名商标"；18家企业被认定为"苏州市知名字号"。

4. 园区促进行业诚信建设情况评估

苏州产业园积极推进人力资源服务机构诚信体系建设。高新园区现有全国人力资源诚信服务示范机构2家；江苏省人力资源服务业骨干企业9家；江苏省诚信人力资源服务机构37家次。昆山园区拥有省级诚信服务机构6家；省级骨干型企业2家；省级十大领军人物1家；苏州市十大领军人物2家；苏州市诚信机构3家。

四、苏州产业园未来发展政策建议

根据以上对中国苏州人力资源服务产业园的综合评估发现，苏州产业园经过五年多时间的建设发展，在探索产业园建设模式、运行机制、产业集聚等方面积累了丰富的经验，对促进人才集聚、优化人力资源配置、促进产业转型升级、带动经济社会发展等方面发挥了重要作用。与此同时，园区建设仍存在一些问题，如配套设施有待完善，人力资源服务产品附加值低、技术含量低，产品研发和投入等方面均有所欠缺，园区运营水平有待提高，专业化特色服务有待增加，扶持优惠政策有待完善等。为了更好地服务于苏州的经济社会发展，更好地发挥好人力资源服务产业园的作用，围绕以下方面继续开展好产业园建设工作。

（一）完善园区基础配套设施建设

进一步完善优化苏州产业园基础配套设施建设，推进原有"一园四区"及相城园区和工业园区等载体功能的提升改造，为入驻企业创造良好的办公生活环境。针对地理位置较偏远的园区，建议增加公交站线路、开通园区班车线路和地铁接驳车。针对高新园区车位紧张的问题，建议利用周边闲置地块、高架沿线空间建设临时停车场，设计智慧停车云平台，推动停车场采用"互联网+技术"实现智慧停车。配套建设人才公寓，制定产业园人才公寓入驻政策，满足引进人才对办公、居住、生活配套、社交等多元化需求。

（二）推进园区机构业态协调发展

坚持引进国内外知名企业、培育当地骨干企业、孵化有成长性的小微企业相结合，着力打造高质量、现代化的人力资源服务全产业链。"一园多区"的知名优质企业分布尽量均衡，每个园区都应有本地龙头企业发挥示范引领作用。

加强对服务业态多元化的研究和论证，科学布局服务层级，减少同质化服务，每个分园区既要打造完成产业链，又要结合各地实际，突出产业链重点，强调突出核心业务。不断推动业态转型升级，进一步增加培训、寻访、测评、互联网服务等中高端业态比重。

（三）推进园区互联网大数据技术应用

充分利用互联网、大数据分析、社交网络、云计算等新技术研发新的人力资源服务产品、管理模式、商业模式。产业园借助丰富的人力资源数据资源，构建人力资源服务大数据平台，成为人力资源信息集散地，并为政府和园区内企业提供人力资源大数据应用服务。充分利用"互联网+"优势，加快完善智慧产业园建设，拓展网上人力资源服务产业园，提升产业服务和辐射带动的能力。

（四）制定园区新一轮优惠扶持政策

进一步深入调研人力资源服务产业发展现状，摸清市场需求，尽快研究出台新一轮产业扶持政策，不断完善产业发展扶持政策，扩大政策辐射范围，加大扶持力度，鼓励协同发展，整合财政、经发、科技、人才等相关政策，形成产业发展的政策合力。加强地方财政支持力度，研究设立人力资源服务业发展基金，统筹各类财政支持和扶持资金，为产业园及入驻机构发展提供保障。加强对人力资源市场的事中事后监管，确立机会公平、规则公平的市场体系，推进市场建设长效化和监管法治化，规范人力资源市场秩序。

（五）提升园区运营水平增加经济效益

提升园区运营效率，提高人力资源服务产品技术含量和附加值，减少低产出、高投入、高资源占用率的企业和项目，注重节能降耗，提升土地利用绩效，提高产出率和税收贡献率。增加专业化特色服务，为企业打造量身定制的业务。加强与本地实体企业交流沟通，深入了解企业发展的人力资源服务所需开展的业务对接。深化与金融机构的合作，为园区企业提供社保资金结算、资金解决方案和金融服务，提高企业融资贷款能力。另外，建立人力资源产业投资基金，探索利用资本运作手段助推园区企业业务发展。扩大园区对外宣传，广泛利用各种博览会、商会、协会等伙伴资源，促进园区内的企业与外部的合作。

（六）服务中心工作增加社会效益

充分发挥产业园在促进就业创业、优化人力资源配置、促进创新驱动和产业转型升级的重要作用，为产业发展提供职业介绍、派遣外包、职业培训、管理咨询等一揽子人力资源服务解决方案，充分发挥就业创业主渠道作用。充分发挥产业园在人才引进、培育、开发与服务中的积极作用，形成人力资本创新服务新亮点。建立1~2家以上的海外高层次人才引智基地，积极探索海外人才来华就业绿色通道模式，挖掘国际人力资源服务优势，在海外人才借用聘用、兼职兼薪、科研合作、学术交流、技术指导、技术入股等方面做出新的尝试。

参考文献

［1］国务院:《人力资源市场暂行条例》(国务院令第700号)2018年5月。

［2］国务院:《"十三五"促进就业规划》(国发〔2017〕10号)。

［3］国家发展改革委,市场监管总局:《关于新时代服务业高质量发展的指导意见(发改产业〔2019〕1602号)》。

［4］人力资源和社会保障部:《人力资源和社会保障事业发展"十四五"规划(人社部发〔2021〕47号)》。

［5］人力资源和社会保障部:《2019年度人力资源服务业发展统计报告》2020年5月19日。

［6］人力资源和社会保障部:《国家级人力资源服务产业园管理办法(试行)》(人社部发〔2019〕86号)。

［7］人力资源和社会保障部:《人力资源服务业发展行动计划》(人社部发〔2017〕74号)。

［8］人力资源和社会保障部:《人力资源和社会保障事业发展"十三五"规划》(人社部发〔2016〕63号)。

［9］人力资源社会保障部、国家发展改革委、财政部:《关于加快发展人力资源服务业的意见》(人社部发〔2014〕104号)。

［10］孙建立:《人力资源服务业高质量发展:成效、问题与对策》,《中国劳动》2019年第3期。

［11］孙建立:《中国人力资源服务业发展报告(2018)》,中国劳动社会保障出版社2018年版。

［12］孙建立:《人力资源服务迎来新契机》,《人民日报》2018年4月18日。

［13］莫荣主编:《中国人力资源服务产业园发展报告(2021)》,社会科学文献出版社2021年版。

［14］莫荣、叶茂东主编：《中国人力资源服务产业园发展报告（2019—2020）》，社会科学文献出版社2020年版。

［15］莫荣、侯增艳：《中国人力资源服务产业园发展报告（2017—2018）》，中国劳动社会保障出版社2018年版。

［16］莫荣、陈元春：《中国人力资源服务产业园发展报告（2016）》，中国劳动社会保障出版社2016年版。

［17］莫荣主持：《中国贵州人力资源服务产业园发展规划报告》，贵州省人社厅委托课题2020年。

［18］莫荣主持：《中国苏州人力资源服务产业园评估研究》，苏州市人社局委托课题2019年。

［19］莫荣主持：《中国苏州人力资源服务产业园五年发展规划报告》，苏州市人社局委托课题2019年。

［20］莫荣主持：《中国上海人力资源服务产业园区评估报告》，上海静安区人社局委托课题2019年。

［21］莫荣主持：《中国中原人力资源服务产业园区发展规划研究》，河南省人社厅委托课题2017年。

［22］莫荣主持：《中国（重庆）人力资源服务产业园发展规划研究项目》，重庆市人社局委托课题2015年。

［23］莫荣主持：《中国上海人力资源服务产业园评估报告》，人社部课题2015年。

［24］莫荣主持：《苏州市建立国家级人力资源服务产业园区的战略研究》，苏州市人社局委托课题2013年。

［25］莫荣主持：《人力资源服务业发展战略与政策研究》2013年。

［26］莫荣、侯增艳：《中外人力资源服务业比较研究》，中国劳动社会保障出版社2013年版。

［27］侯增艳：《数字化赋能人力资源服务产业园高质量发展》，《中国劳动保障报》2021年6月19日。

［28］侯增艳：《我国人力资源服务产业园建设的成效、问题与对策》，

《经济研究参考》2020年第13期。

［29］侯增艳：《人力资源服务产业园评估研究》，人社部部级科技项目（RS2020-24）2020年。

［30］侯增艳：《人力资源服务产业园评估指标体系研究》，人社部部级科技项目（RS2019-12）2019年。

［31］侯增艳主持：《中国重庆人力资源服务产业园规范化服务项目》，重庆人社局委托课题2019年1月。

［32］侯增艳：《我国人力资源服务产业园区发展状况及对策研究》，《经济研究参考》2014年第11期。

［33］白澎：《论我国人力资源服务业发展的现状和对策》，《煤炭经济研究》2004年第10期。

［34］董良坤：《把脉人力资源服务产业园》，《中国人才》，2013年第7期。

［35］来有为：《人力资源服务业发展的新特点与政策建议》，《发展研究》2010年第5期。

［36］四川省工业经济发展研究中心：《四川省产业园区集中集群集约发展评估及发展研究》，西南财经大学出版社2015年版。

［37］王光荣、曹新生：《开园有道——人力资源服务产业园建设发展手册》，上海科学技术出版社2019年版。

［38］王平：《中国中原人力资源服务产业园区建设的功能内涵模式创新及路径选择》，《人才资源开发》2015年3月。

［39］萧鸣政、李冷：《关于我国人才市场建设的问题与思考——基于人力资源服务业发展的视角》，《中国人才》2009年11月。

［40］尹金荣：《大学科技园评估指标体系的研究》，浙江大学硕士学位论文2001年12月。

［41］曾伟、姜炜：《关于产业园绩效评估体系的分析》，《求实》2013年第1期。

［42］占绍文、辛武超：《文化产业园区的界定与评价指标体系研究》，《天府新论》2013年第1期。

后 记

　　人力资源服务产业园是我国人力资源服务业的积极探索和成功实践。本书在对产业园十年建设经验全面总结的基础上，展望新时代产业园面临的新形势新任务，围绕就业优先战略、人才强国战略和乡村振兴战略，探索人力资源服务新模式和新动能，不断提升人力资源服务供给能力和服务水平，促进就业扩大和优化人力资源配置。

　　本书的写作和出版得到了中国劳动和社会保障科学研究院各位领导和同事的大力支持，莫荣副院长带领研究团队长期从事人力资源服务业和产业园相关研究，研究团队同事为本书的写作提供了支持帮助。国家级人力资源服务产业园提供了相关数据资料和调研支持，中国人事科学研究院佟亚丽副研究员提出了修改建议，我院科研处李艺副处长、研究出版社朱薇微编辑在图书编辑出版方面提供了大力帮助，在此一并表示衷心感谢！

　　由于时间和水平限制，我深知本书内容尚有诸多不足之处，欢迎广大读者朋友对此提出宝贵的批评和建议，督促更好做好下一步工作，为推动新时代人力资源服务业和产业园高质量可持续发展，促进社会化就业、更好发挥我国人力资源优势、服务经济社会发展做出积极贡献。

侯增艳

2021年10月